AI 업무 자동화 길라잡이

당신은 오늘도 빈 문서 앞에서 얼마나 오래 앉아 있었습니까?

기획서를 써야 한다는 건 알고 있습니다. 보고서 마감이 내일인 것도 알고 있습니다. 제안서 초안을 팀장이 기다리고 있다는 것도 압니다. 그런데 커서는 깜박이고, 머릿속 생각은 맴돌기만 하고, 손은 좀처럼 움직이지 않습니다. 아이디어가 없는 게 아닙니다. 구조가 없는 겁니다. 무엇을 먼저 쓰고, 어떤 흐름으로 이어가야 하는지, 그 설계도가 없으니 시작조차 못하는 것입니다. 소상공인도, 1인 기업 대표도, 현장 실무자도, 강사도, 컨설턴트도 모두 같은 문제를 겪습니다. 일이 많아서 못 하는 게 아닙니다. 시간이 없어서 못 하는 겁니다. 정확히는, 문서 한 장을 완성하는 데 드는 시간이 너무 많이 걸리는 게 문제입니다.

이제 문서를 대하는 방식이 달라져야 합니다.

우리는 오랫동안 문서를 "쓰는 것"이라고 배웠습니다. 빈 화면을 채우고, 표현을 다듬고, 논리를 세우고, 오탈자를 잡고, 그렇게 몇 시간을 써야 겨우 한 편이 나왔습니다. 그런데 지금 시대는 다릅니다. 문서는 이제 생성과 검토의 영역으로 넘어왔습니다. AI가 초안과 구조를 제안하고, 사람은 판단하고 완성합니다. 이건 기술 이야기가 아닙니다. 시간 이야기입니다. AI는 당신의 능력을 대체하는 도구가 아닙니다. AI는 당신이 더 중요한 일에 집중할 수 있도록 시간을 벌어주는 도구입니다. 그 시간을 어떻게 쓰느냐는 여전히 당신의 몫입니다.

시중에 AI 관련 책은 넘쳐납니다. 그러나 대부분은 두 가지 중 하나입니다. AI가 왜 중요한지를 설명하는 이론서이거나, 어떤 도구를 쓰면 좋은지를 나열하는 소개서입니다. 『AI로 완성하는 기획 보고서』는 그 어느 쪽도 아닙니다.

이 책은 결과물을 완성하는 책입니다.

기획서를 어떻게 빠르게 뽑아낼 것인지, 보고서 초안을 어떤 구조로 짤 것인지, 제안서에서 설득력을 어떻게 만들어낼 것인지, 마케팅 문서와 교육 자료를 어떻게 자동화할 것인지. 이 모든 것을 복붙해서 바로 쓸 수 있는 실전 프롬프트와 함께 담았습니다. 이론 없이 실무만 있고, 설명 없이 구조만 있다는 뜻이 아닙니다. 이해하되, 바로 써먹을 수 있어야 한다는 뜻입니다. 업종도, 업무도, 상황도 다르기 때문에, 이 책은 기획·보고·제안·마케팅·교육·HRD 현장까지 다양한 실전 적용을 두루 다룹니다.

이 책을 읽고 나면 달라지는 것들이 있습니다.

첫째, 빈 문서가 두렵지 않아집니다. 어디서 시작해야 하는지 알기 때문입니다. 둘째, 초안 작성 속도가 눈에 띄게 빨라집니다. 구조가 먼저 잡히면 글쓰기는 채워 넣기가 됩니다. 셋째, 생각을 구조화하는 힘이 생깁니다. 기획이란 결국 생각의 순서를 설계하는 일입니다. 넷째, 기획과 설득의 언어가 정리됩니다. 내용이 좋아도 전달 구조가 약하면 설득이 안 됩니다. 다섯째, 혼자 일해도 팀처럼 일하는 생산성을 갖게 됩니다. 1인 실무자가 팀 단위의 결과물을 낼 수 있게 됩니다. 여섯째, AI를 쓴다는 것이 더 이상 낯설지 않고 자연스러운 실무 습관이 됩니다.

이 책의 핵심에는 로·고·타·루·톤(ROLE·GOAL·TASK·RULE·TONE) 이라는 프레임워크가 있습니다.

AI에게 무언가를 물어볼 때, 질문의 질이 답의 질을 결정합니다. 좋은 결과는 좋은 질문 구조에서 시작됩니다. 로고타루톤은 그 질문 구조를 설계하는 언어입니다. 역할을 부여하고(ROLE), 목표를 명확히 하고(GOAL), 할 일을 구체화하고(TASK), 지켜야 할 규칙을 정하고(RULE), 말투와 분위기를 맞추는 것(TONE). 이 다섯 가지 축이 맞아떨어질 때, AI는 비로소 실무에서 쓸 수 있는 결과물을 내놓습니다. 기획도, 보고서도, 제안서도 마찬가지입니다. 구조가 없으면 실행도 없습니다.

이 책을 읽고 책장에 꽂아두지 마십시오.

『AI로 완성하는 기획 보고서』는 읽고 덮는 책이 아닙니다. 책상 위에 펼쳐놓고, 기획서 쓸 때마다 열고, 보고서 막힐 때마다 꺼내고, 제안서 설계할 때마다 참고하는 책입니다. 당신의 업무 파트너가 되도록 만들었습니다. 한 번 읽고 끝이 아니라, 쓸 때마다 꺼내야 가치가 생깁니다.

지금 이 페이지를 읽고 있는 당신에게 한 가지를 확신합니다.

AI를 잘 쓰는 사람은 도구를 아는 사람이 아닙니다. 질문을 잘 설계하는 사람입니다.

이 책이 그 설계의 언어를 드립니다.

한 줄 핵심 메시지 3

1. AI는 시간을 벌어주는 도구다. 그 시간으로 무엇을 할지는 당신이 결정한다.
2. 좋은 보고서는 좋은 질문 구조에서 시작된다.
3. 기획서 한 장이 달라지면, 하루가 달라지고, 일하는 방식이 달라진다.

Contents

Contents

Contents

지금, 왜 AI가 필요한가?

01 이 파트에서는 AI가 왜 필요한지, 어떤 문제를 해결해 주는지, 그리고 성공한 기업들은 어떻게 AI를 활용했는지 살펴봅니다. 이론이 아니라 현실 이야기입니다.

지금, 왜 AI가 필요한가?

AI는 '기술'이 아니라 '시간을 벌어주는 도구'다

TIP

※ 로고타루톤 프롬프트 끝에 다음 문장을 추가하면, 더 체계적이고 실질적인 답변을 얻는 데 도움이 됩니다.

"이건 정말 나한테 매우 중요한 거야. 심호흡하고 차분하게 단계별로 전문가스럽게 알려줘. 반드시 실질적으로 도움이 되게끔 해줘야 해." ▶ 5강 44페이지 [핵심비법] 로고타루톤을 완성하는 마법의 주문을 참고해주세요!

【 이 장을 읽으면 얻는 것 】

- AI에 대한 막연한 두려움이 사라집니다
- AI가 내 업무에서 어떤 역할을 하는지 명확해집니다
- "나도 쓸 수 있겠다"는 자신감이 생깁니다

1 인력 부족 시대, 가장 먼저 무너지는 업무

2024년 기준, 국내 소상공인의 70% 이상이 "인력 부족"을 가장 큰 경영 애로사항으로 꼽습니다. 직원을 뽑고 싶어도 인건비가 부담스럽고, 뽑아도 금방 그만두는 경우가 많습니다.

그런데 인력이 부족할 때 가장 먼저 무너지는 업무는 어디일까요?

놀랍게도 "중요하지만 급하지 않은 업무"입니다. 마케팅 콘텐츠 만들기, 고객 관리 메시지 보내기, 보고서 정리하기, 다음 달 기획 세우기 같은 것들입니다. 이런 업무들은 당장 하지 않아도 가게가 돌아가기 때문에 계속 미뤄집니다.

하지만 이런 업무들이 쌓이면 결국 비즈니스 성장이 멈춥니다.

AI는 바로 이 지점에서 빛을 발합니다. 사람이 하기 귀찮고, 반복적이고, 시간이 많이 걸리는 업무를 AI가 대신 처리해 줍니다.

2 ChatGPT·Gemini 등장 이후 달라진 비즈니스 패턴

2022년 11월, ChatGPT가 세상에 나왔습니다. 출시 5일 만에 100만 명이 사용했고, 2개월 만에 1억 명을 돌파했습니다. 이는 인터넷, 스마트폰보다도 빠른 확산 속도였습니다.

그 이후 비즈니스 현장이 달라졌습니다.

- **달라진 것 1: 문서 작성 속도** 예전에는 기획서 한 장 쓰는 데 2~3시간이 걸렸습니다. 지금은 AI에게 방향만 알려주면 10분 안에 초안이 나옵니다. 사람은 검토하고 수정하는 역할만 합니다.

- **달라진 것 2: 콘텐츠 생산량** 마케팅 담당자 한 명이 하루에 만들 수 있는 콘텐츠가 35개에서 2030개로 늘었습니다. AI가 초안을 만들어 주기 때문입니다.

- **달라진 것 3: 고객 응대 방식** 자주 묻는 질문에 대한 답변 템플릿을 AI가 만들어 주면, 직원이 일일이 타이핑하지 않아도 됩니다. 복붙으로 해결됩니다.

- **달라진 것 4: 아이디어 발굴** "이번 달 프로모션 아이디어 10개 줘"라고 AI에게 물으면 30초 안에 다양한 아이디어가 나옵니다. 혼자 고민하던 시간이 사라집니다.

이런 변화는 대기업만의 이야기가 아닙니다. 동네 카페, 온라인 쇼핑몰, 학원, 미용실에서도 똑같이 일어나고 있습니다.

3 AI를 처음 쓰는 사장님들이 흔히 하는 5가지 오해

AI를 처음 접하면 이런 생각들이 드는 경우가 많습니다.

- **오해 1: "AI는 어렵다"**
  사실: ChatGPT, Gemini, Claude 같은 AI 도구는 카카오톡처럼 대화하면 됩니다. 코딩이나 기술 지식이 전혀 필요 없으며, "블로그 글 써줘"라고 입력하면 바로 씁니다.

- **오해 2: "AI가 쓴 글은 어색하다"**
  사실: 처음에는 어색할 수 있습니다. 하지만 "더 자연스럽게 바꿔줘", "우리 업종 톤으로 다시 써줘"라고 피드백을 주면 점점 좋아집니다. 3번만 수정하면 완성도 90%의 글이 나옵니다.

- **오해 3: "AI가 내 일을 빼앗는다"**

사실: AI는 반복적이고 시간이 많이 걸리는 업무를 대신합니다. 판단, 경험, 고객과의 관계는 여전히 사람의 몫입니다. AI는 사람을 대체하는 게 아니라 사람이 더 중요한 일에 집중할 수 있도록 돕습니다.

- **오해 4: "AI는 비싸다"**

사실: ChatGPT 무료 버전으로도 대부분의 업무가 가능합니다. 유료 버전(ChatGPT Plus)은 월 2만 원 정도입니다. 직원 한 명 인건비의 1%도 안 됩니다.

- **오해 5: "AI가 틀린 정보를 준다"**

사실: AI는 가끔 틀린 정보를 줍니다. 그래서 중요한 수치나 사실은 반드시 확인해야 합니다. 하지만 문서 구조 잡기, 아이디어 발굴, 초안 작성 같은 용도로는 매우 신뢰할 수 있습니다.

4 한국 소상공인·중소기업의 AI 활용 현황

중소벤처기업부의 2024년 조사에 따르면, 국내 소상공인의 AI 활용률은 약 18%에 불과합니다. 반면 대기업은 67%가 AI를 업무에 활용하고 있습니다.

이 격차는 무엇을 의미할까요?

지금 AI를 먼저 시작하는 소상공인과 중소기업은 경쟁에서 앞서나갈 수 있습니다. 반대로 AI를 무시하면 점점 뒤처질 수 있습니다.

특히 주목할 점은 AI를 활용하는 소상공인들이 그렇지 않은 소상공인보다 월평균 업무 시간을 30~40% 절감하고 있다는 것입니다. 이는 주 40시간 일하는 사람이 주 24~28시간만 일해도 같은 성과를 낼 수 있다는 뜻입니다.

---

[1] 소상공인 AI 활용률 18%: 중소벤처기업부·소상공인시장진흥공단, 「2024년 소상공인실태조사」 (2023년 기준 디지털 기술 미활용 82.0% 대비 활용률 18.0%)

[2] 대기업 AI 활용률 67%: 한국 딜로이트 그룹, 「기업의 생성형 AI 사용 현황 2024년 3분기 리포트」 (글로벌 기업 리더 대상 조사 결과, 조직의 67%가 생성형 AI 투자 확대 및 활용 중)

[3] 업무 시간 30~40% 절감: 글로벌 컨설팅 기업 맥킨지(McKinsey & Company), 「The state of AI in early 2024」 및 관련 생산성 연구 종합 (AI 도입 시 잠재적 생산성 향상 및 시간 절감 효과 20~60% 추산)

5 "사장님 한 명이 3명 일하는 효과"의 실제 의미

"AI를 쓰면 직원 3명 효과"라는 말이 있습니다. 이게 과장일까요?

실제로 AI가 도와줄 수 있는 업무 범위를 보면 이해가 됩니다.

업무 영역	AI 활용 전	AI 활용 후	시간 절감
기획서·보고서 작성	3시간	30분	90%
마케팅 콘텐츠 제작	2시간/1개	10분/1개	83%
고객 응대 메시지	1시간/일	15분/일	75%
자료 조사·정리	4시간	30분	88%
교육 자료 제작	5시간	1시간	80%

이 수치들을 합산하면, 하루 8시간 중 AI가 5~6시간 분량의 업무를 도와줄 수 있습니다. 그래서 "3명 효과"라는 표현이 나오는 것입니다.

물론 AI가 모든 것을 완벽하게 해주지는 않습니다. 하지만 초안을 만들고, 구조를 잡고, 반복 작업을 처리하는 데는 탁월합니다.

6 이 책의 방향: "AI 실무 자동화 루틴"

이 장에서 강조하는 결론은 하나입니다.

AI는 기술이 아니라, 실무를 자동화하는 "새로운 직원 1명"이다.

그래서 이 책은 다음과 같은 방향으로 구성했습니다.

- **도구 사용법 → 최소화:** 어떤 버튼을 누르는지보다 어떻게 활용하는지가 중요합니다.
- **실무 루틴 → 최대화:** 매일 반복할 수 있는 AI 활용 패턴을 만드는 것이 핵심입니다.
- **업종별 실제 사례 → 필수:** 내 업종과 비슷한 사례를 보면 바로 적용할 수 있습니다.
- **따라 쓰는 프롬프트 → 핵심:** 복붙해서 바로 쓸 수 있는 프롬프트가 가장 실용적입니다.

실무 예시 AI를 처음 써본 카페 사장님 이야기

서울 마포구에서 카페를 운영하는 김 사장님(가명)은 AI를 처음 써봤을 때 이런 경험을 했습니다.

"처음엔 그냥 '인스타 글 써줘'라고 했더니 너무 딱딱한 글이 나왔어요. 그래서 '우리 카페는 20~30대 직장인이 많이 오는 아늑한 분위기야. 오늘 새로 들어온 딸기 라떼 홍보 글 써줘'라고 했더니 완전히 달라졌어요. 제가 직접 쓴 것보다 훨씬 좋았어요."

이것이 AI 활용의 핵심입니다. 구체적으로 알려줄수록 좋은 결과가 나옵니다.

따라 하기 실습

실습 1: AI에게 첫 인사하기

ChatGPT(chat.openai.com) 또는 Gemini(gemini.google.com)에 접속해서 다음을 입력해 보세요.

> 나는 [업종]을 운영하는 사장님이야.
> 오늘 가장 힘든 업무 3가지를 말해줄게.
> 각각 AI로 어떻게 해결할 수 있는지 알려줘.
>
> 힘든 업무:
> 1. [업무 1]
> 2. [업무 2]
> 3. [업무 3]

이 한 번의 실습으로 AI가 내 업무에 어떻게 도움이 되는지 바로 확인할 수 있습니다.

● 초보자 실수

- **실수 1: 너무 짧게 질문한다** "블로그 글 써줘" → 결과가 엉뚱하게 나옵니다

  "우리 카페 신메뉴 딸기 라떼 소개 블로그 글 써줘. 500자, 20~30대 여성 독자, 감성적인 톤으로"

  → 훨씬 좋은 결과가 나옵니다

- **실수 2: 한 번에 포기한다** AI 결과가 마음에 안 들면 "더 자연스럽게 바꿔줘", "예시를 더 구체적으로 넣어줘"라고 피드백을 줍니다. 3번만 수정하면 완성도가 크게 올라갑니다.

- **실수 3: AI 결과를 그대로 쓴다** AI가 만든 글은 반드시 사람이 한 번 읽어보고 수정해야 합니다. 특히 수치, 날짜, 고유명사는 꼭 확인하세요.

📑 복붙 프롬프트

업무 현황 파악용 프롬프트

```
□ ✕

너는 AI 업무 자동화 컨설턴트야.

내가 운영하는 [ 업종 ]의 일반적인 하루 업무를 분석해줘.
그 중에서 AI로 자동화할 수 있는 업무 TOP 5를 골라서
각각 어떻게 자동화할 수 있는지 구체적으로 설명해줘.

표 형식으로 정리해줘 (업무명 / AI 활용 방법 / 예상 시간 절감).
```


● 현업 적용 팁

- **1인 기업·소상공인:** 가장 귀찮은 업무 1개부터 시작하세요. 인스타 글쓰기, 고객 답변 메시지, 공지문 작성 중 하나를 골라 AI로 해결해 보세요.

- **중소기업 실무자:** 매주 반복되는 보고서나 회의 자료부터 시작하세요. 형식이 정해진 문서일수록 AI 효과가 큽니다.

- **강사·컨설턴트:** 교육 자료 초안 만들기부터 시작하세요. 커리큘럼 구성, 강의 스크립트, 실습 문제 만들기 모두 AI가 잘합니다.

2장 소상공인·1인 기업이 겪는 7가지 고민과 해결 패턴

핵심 메시지: "힘든 일이 아니라, 반복되는 일이 AI의 타깃이다."

TIP

※ 로고타루톤 프롬프트 끝에 다음 문장을 추가하면, 더 체계적이고 실질적인 답변을 얻는 데 도움이 됩니다.

"이건 정말 나한테 매우 중요한 거야. 심호흡하고 차분하게 단계별로 전문가스럽게 알려줘. 반드시 실질적으로 도움이 되게끔 해줘야 해." ▶ 5강 44페이지 [핵심비법] 로고타루톤을 완성하는 마법의 주문을 참고해주세요!

【 이 장을 읽으면 얻는 것 】

- 내가 겪는 고민이 나만의 것이 아님을 알게 됩니다
- 각 고민에 대한 AI 해결 패턴을 파악합니다
- "어디서부터 시작할지" 방향이 잡힙니다

소상공인, 1인 기업, 작은 조직의 대표들은 하루를 "생산성"이 아닌 "소방수"처럼 보냅니다. 문제를 해결하기보다 문제를 따라다니며 하루가 끝납니다.

그 이유는 단순합니다. **해야 할 일은 많고, 시간은 부족하고, 업무 종류는 너무 다양하기 때문입니다.** 이 장에서는 현장에서 가장 자주 들리는 **7가지 대표 고민**을 정리하고, 그 고민이 AI 자동화 루틴으로 어떻게 해결되는지 구체적으로 보여줍니다.

고민 1 ｜ 마케팅을 하고 싶은데 시간이 없다

대부분의 소상공인과 1인 기업은 자신의 사업을 알리는 데 필요한 콘텐츠(블로그, 인스타그램, 유튜브)를 만들 시간이 없습니다.

문제는 소재 찾기, 글쓰기, 설명 문구, 해시태그, 이미지 정리 같은 단순하지만 시간이 많이 드는 과정 때문입니다.

 ## AI 해결 패턴

- 콘텐츠 캘린더 자동 생성
- 제품·서비스별 문구·해시태그 자동 생성
- 고객 리뷰 기반 홍보 문구 자동 생성
- 아이디어 → 초안 → 카드뉴스까지 자동 흐름화

단순히 "홍보 글을 쓰는 것"이 아니라 홍보에 앞서 필요한 생각, 조사, 구조화까지 자동화되기 때문에 하루에 1개도 못 올리던 콘텐츠를 하루에 3~10개까지 생산 가능한 구조가 됩니다.

또한 AI는 단순한 글쓰기 도구가 아니라 콘텐츠 기획부터 제작까지 연결해주는 '실행형 마케팅 비서' 역할을 합니다.

 ## 복붙 프롬프트

너는 소상공인 마케팅 전문가야.

우리 [업종] 가게의 이번 달 인스타그램 콘텐츠 캘린더를 만들어줘.
- 기간: [날짜] ~ [날짜]
- 주요 이벤트: [이벤트명]
- 타깃 고객: [고객 특성]
- 게시 빈도: 주 3회

각 게시물은 제목 + 본문(200자) + 해시태그 10개로 구성해줘.

이 프롬프트를 활용하면 월간 콘텐츠 기획부터 게시물 문안, 해시태그 설계까지 한 번에 정리할 수 있어 초보자도 꾸준한 SNS 운영이 가능한 구조를 만들 수 있습니다.

고민 2 / 기획서, 제안서, 보고서를 잘 못 쓰겠다

많은 사장님들은 "글쓰기 실력" 때문에 스트레스를 받습니다. 하지만 실제 문제는 실력이 아니라 **틀과 구조를 모르는 것**입니다.

기획의 80%는 목적, 문제, 근거, 해결안, 기대효과 이 5가지를 깔끔하게 배치하는 것입니다.

🤖 AI 해결 패턴

- 사업명만 적으면 기획서 목차 자동 생성
- 자료 조사 + 인용 문장까지 근거 자동 생성
- 표·그래프·타임라인까지 형식 자동 생성
- 초안 자동 생성 → 사람이 검수하는 방식

이 방식으로 하면 기획서를 쓰는 속도가 **3시간 → 10분**으로 바뀝니다. 또한 처음부터 완벽한 문장을 쓰지 않아도 되기 때문에 "문서 스트레스"에서 해방됩니다.

📑 복붙 프롬프트

너는 20년 경력의 사업기획 전문가야.
다음 내용으로 기획서 목차를 만들어줘.

사업명: [사업명]
목적: [목적]
대상: [대상]

목차는 5개 섹션으로 구성하고,
각 섹션에 들어갈 내용을 2~3줄로 설명해줘.

고민 3 / 고객응대가 너무 힘들다

소상공인의 하루는 전화, 카톡, DM, 댓글 답변으로 시작해 전화, 카톡, DM으로 끝나는 경우가 많습니다. 특히 자주 반복하는 질문(FAQ)은 시간을 갉아먹는 대표적인 업무입니다.

 **AI 해결 패턴**

- FAQ 자동 생성
- 예약·가격·운영시간 자동 답변 템플릿 생성
- 리뷰 분석 → 개선안 자동 작성
- 고객 유형별 응대 버전 자동 생성

사장님은 AI가 제안한 답변 중 "좋은 것"을 선택해 붙여넣기만 하면 됩니다. 이것만으로도 고객응대 시간이 하루 1~3시간 절약됩니다.

 **복붙 프롬프트**

□ X

너는 고객 응대 전문가야.

우리 [업종]에서 자주 받는 질문 20개와 그에 대한 답변을 만들어줘.
질문 유형: 가격/예약/운영시간/위치/서비스 내용
각 답변은 3~4문장, 존댓말, 친절하고 명확하게.

표 형식으로 정리해줘 (질문 / 답변).

고민 4 — 재고·상품·매출 관리가 너무 번거롭다

특히 음식점, 소매업, 온라인 쇼핑몰 사장님들은 재고 정리 → 발주 → 매출 파악 → 상품 정리 업무에 시간을 많이 씁니다. 문제는 업무 자체가 어렵다기보다 **데이터 정리가 반복적이고 귀찮은 작업이라는 것**입니다.

🗨 AI 해결 패턴

- 매출 내역 붙여넣기 → 자동 요약
- 재고 목록 입력 → 부족/초과 자동 분석
- "이번 주 추천 발주량" 자동 계산
- 고객·상품별 매출 패턴 분석

AI가 매출표를 읽어 "이번 주 상품별 적정 발주량"을 제안하는 것도 가능합니다. 재고 털림, 과잉 재고를 막는 데 큰 도움이 됩니다.

고민 5 — 인사·교육 관련 문서 만들 시간이 없다

중소기업 팀장·HRD 담당자·교육 강사들은 항상 문서에 시달립니다. 교육 기획안, 연간 교육계획, OT 자료, 직무·역량 기초 문서 같은 것들은 형식을 맞추는 데 시간이 오래 걸립니다.

🗨 AI 해결 패턴

- 교육 목표만 알려주면 교육안 자동 생성
- 역량·직무 기반 문서 자동 생성
- 체크리스트·평가서 자동화
- 보고서 요약·브리핑 자동 생성

특히 HRD 문서는 반복 패턴이 많기 때문에 **AI 자동화 효과가 가장 큰 분야**입니다.

카드뉴스, 썸네일, 브랜딩 이미지는 "못 만들어서 못 하는 것"이 아니라 "시간이 없어서 못 하는 것"에 가깝습니다. 소상공인 사장님들이 포토샵·일러스트를 쓸 이유는 없습니다.

AI 해결 패턴

- 이미지 AI로 로고·썸네일 자동 생성
- 카드뉴스 10장을 텍스트만으로 생성
- 제품(메뉴) 이미지를 분위기 있게 리터칭
- SNS 이미지 크기 맞춤 자동화

예전엔 디자인 비용을 들이거나 직접 만들어야 했던 것들이 지금은 30초면 기본 형태가 바로 나옵니다.

고민 7 하루가 끝나면 아무것도 못 했다는 느낌이 든다

이 고민은 감성적인 문제 같지만 실은 무조건적인 업무 과부하 때문에 생깁니다. 사장님들은 급한 문제 대응, 고객응대, 메시지 보내기, 당일 정리, 서류 정리를 하다 보면 **중요한 일을 할 시간이 없습니다.**

AI 해결 패턴

- 일일 마감 보고서 자동 생성
- 우선순위 정리 자동 추천
- 오늘 했던 일 → 내일 해야 할 일 자동 배치
- 주간 계획표 자동 생성

AI는 마음의 여유를 만들어줍니다. 무엇보다 "정리해주는 존재"라는 점에서 사장님에게 큰 도움이 됩니다.

● 이 7가지 고민의 공통된 특성: '반복'이다

이 장에서 제시한 7개의 고민은 표면적으로는 다 달라 보이지만 본질은 하나입니다.

"일은 많고, 반복은 많고, 사람은 부족하다"

AI는 이 구조를 정면으로 해결하는 도구입니다. AI는 창의적인 일을 하지 않지만, **정해진 패턴을 믿을 수 있는 속도로 반복 처리하는 일**에 특화되어 있습니다.

그래서 AI 활용은 "업무를 잘하는 사람"보다 **"반복되는 일을 많이 하는 사람"**에게 더 큰 효과가 나타납니다.

따라 하기 실습

● 내 업무 반복 패턴 찾기

아래 표를 채워보세요. 이것이 여러분의 AI 자동화 우선순위 목록이 됩니다.

업무	주당 횟수	소요 시간	AI 대체 가능성
예: 인스타 글쓰기	5회	30분/회	높음

주당 횟수 × 소요 시간이 가장 큰 업무부터 AI 자동화를 시작하세요.

3장 — AI 활용 성공 기업들의 공통된 3가지 전략

핵심 메시지: "큰 혁신의 시작은 작은 자동화 1개다."

※ 로고타루톤 프롬프트 끝에 다음 문장을 추가하면, 더 체계적이고 실질적인 답변을 얻는 데 도움이 됩니다.

"이건 정말 나한테 매우 중요한 거야. 심호흡하고 차분하게 단계별로 전문가스럽게 알려줘. 반드시 실질적으로 도움이 되게끔 해줘야 해." ▶ 5강 44페이지 [핵심비법] 로고타루톤을 완성하는 마법의 주문을 참고해주세요!

【 이 장을 읽으면 얻는 것 】

- AI 도입 성공 기업들의 공통 패턴을 파악합니다
- 국내외 실제 사례를 통해 확신을 얻습니다
- 내가 따라 할 수 있는 구체적인 전략을 세웁니다

지금 전 세계적으로 AI를 도입해 실제 성과를 만든 기업들은 규모를 막론하고 하나의 공통점을 갖고 있습니다.

그들은 AI를 '거창한 혁신'으로 접근하지 않습니다. **매일 반복되는 작은 불편 하나를 AI로 해결**하면서 시작합니다.

그 작은 변화가 쌓여, 결국 "하루가 바뀌고, 한 달이 바뀌고, 비즈니스가 바뀝니다."

전략 1 　작은 자동화 1개로 시작한다

AI 도입이 실패하는 가장 큰 원인은 '한 번에 너무 많이 하려는 것'입니다. AI를 경영전략·마케팅·재무·인사 전체에 동시에 적용하려 하면 대부분 두 가지 현상이 생깁니다.

🤖 AI 해결 패턴

- 어디서부터 손대야 할지 모릅니다.
- 초반 피로도가 너무 높아 중도 포기합니다.

반대로, AI 활용 성공 기업들은 "작은 자동화 1개"부터 시작했습니다.

예를 들어 이런 것들입니다.

- 하루 20번 반복되는 인스타 답변 1개를 자동화
- 블로그 글 초안 만들기만 자동화
- 매출표 주간 요약 1개 자동화
- 고객 리뷰 요약 챗봇 만들기
- 월간 콘텐츠 캘린더 자동화

이렇게 "아주 작은 단위"로 시작하는 이유는 세 가지입니다.

① **성공 경험이 빠르게 쌓인다** 사용자는 "AI가 나에게 실제로 도움이 되는구나"라는 경험을 해야 합니다. 그 경험이 동기부여가 됩니다.

② **하루 10분 투자로 충분하다** AI는 "대용량 학습"이 아니라 "일상 루틴화"가 핵심입니다. 짧게, 자주, 반복하며 몸에 익히는 방식이 가장 성공적입니다.

③ **작은 자동화가 연결되면 '시스템'이 된다** 작은 자동화 1개는 미미해 보이지만, 5개만 모이면 하루가 달라지고, 10개가 모이면 비즈니스가 달라집니다.

"작게 시작해, 크게 누적한다."

이때 중요한 것은 처음부터 큰 시스템을 만들려 하지 않는 것입니다. 가장 자주 반복되고, 바로 효과를 확인할 수 있는 업무 1개부터 시작해야 합니다. 예를 들어 고객 답변 1개, 보고서 요약 1개, 콘텐츠 초안 1개만 자동화해도 체감 효과가 분명하게 나타납니다. 작은 자동화는 부담이 적고, 성공 경험은 빠르게 쌓이며, 그 경험이 다음 자동화를 만드는 추진력이 됩니다. 결국 AI 도입의 성패는 '크게 시작하는 것'이 아니라 '작게 시작해 꾸준히 연결하는 것'에 달려 있습니다.

AI를 잘 쓰는 기업들의 두 번째 공통점은 프롬프트를 자산으로 관리한다는 것입니다.

프롬프트란 AI에게 내리는 지시문입니다. 좋은 프롬프트를 만들면 매번 같은 품질의 결과물을 빠르게 얻을 수 있습니다.

성공 기업들은 이렇게 합니다.

- 잘 작동하는 프롬프트를 문서로 저장합니다.
- 업무 유형별로 프롬프트를 분류합니다.
- 직원들이 공유해서 함께 씁니다.
- 주기적으로 업데이트합니다.

이렇게 하면 새 직원이 들어와도 "AI 사용법"을 따로 교육할 필요가 없습니다. 프롬프트 문서를 주면 바로 시작할 수 있습니다.

전략 3 / 팀·가게 전체가 쓰는 루틴을 만든다

AI 활용이 개인 수준에 머물면 효과가 제한됩니다. 팀 전체가 함께 쓸 때 효과가 배가됩니다.

성공 기업들은 이런 루틴을 만들었습니다.

- **매일 10분:** 오늘 할 일 정리, 어제 보고서 요약, 고객 응대 메시지 생성
- **매주 1시간:** 다음 주 콘텐츠 캘린더 생성, 주간 보고서 자동화, 팀 회의 자료 준비
- **매월 2시간:** 월간 성과 분석, 다음 달 전략 기획, 경쟁사 분석

이 루틴이 정착되면 AI는 "가끔 쓰는 도구"가 아니라 "없으면 안 되는 시스템"이 됩니다.

● 해외 성공 사례 4선

사례 1 — 미국 시카고 Heritage Hospitality Group (외식업)

시카고의 소규모 외식 그룹인 Heritage Hospitality Group은 ChatGPT와 NotebookLM으로 비용 분석·재무 요약을 자동화했습니다. 그 결과 관리직 인력을 추가로 채용하지 않고도 운영이 가능해졌습니다.

- **우리에게 주는 시사점:** 동네 식당·카페도 매출 정리, 원가 분석, 발주 계획을 AI로 자동화할 수 있습니다.

사례 2 — 미국 드레스 유통사 Amarra (이커머스)

소규모 드레스 유통사 Amarra는 상품 설명·SNS 콘텐츠 작성에 AI를 써서 콘텐츠 제작 시간을 60% 단축했습니다. 또한 수요 예측·재고 최적화에 AI를 활용해 과잉 재고를 40% 감소시켰습니다.

- **우리에게 주는 시사점:** 온라인 쇼핑몰·의류 유통 업종에서 "상품 설명 + 재고 관리"를 AI로 동시에 개선할 수 있습니다.

사례 3 — 호주 보험사 NIB Health Funds (CS 자동화)

AI 상담봇이 전체 문의의 60%를 처리하면서 연간 수백억 원의 비용을 절감했습니다.

- **우리에게 주는 시사점:** 규모는 다르지만, 소상공인도 카카오톡·웹 채팅에 간단한 FAQ 챗봇을 붙이면 "전화 받는 시간"을 크게 줄일 수 있습니다.

사례 4 — 유럽 베이커리 체인 (제품 개발·마케팅)

한 베이커리 체인은 생성형 AI로 새로운 케이크 디자인·맛 조합 아이디어를 생성하고, 고객 취향에 맞춘 추천 메뉴를 만들고, SNS용 홍보 문구를 자동으로 만들어 제품 개발과 마케팅 효율을 크게 높였습니다.

- **우리에게 주는 시사점:** 우리나라 빵집·디저트 카페도 "메뉴 개발 + 인스타 홍보"를 동시에 AI로 지원받을 수 있습니다.

● **한국형 AI 도입 성공 프레임워크**

해외 사례를 한국 소상공인·중소기업에 맞게 재구성하면 다음과 같습니다.

1단계 / 발견 (1주)

- 가장 반복적이고 시간이 많이 걸리는 업무 3개를 찾습니다.
- AI로 해결 가능한지 테스트합니다.

2단계 / 실험 (2~4주)

- 찾은 업무에 AI를 적용해 봅니다.
- 결과를 기록하고 프롬프트를 개선합니다.

3단계 / 루틴화 (1~3개월)

- 효과가 있는 AI 활용법을 일상 루틴으로 만듭니다.
- 팀원과 공유합니다.

4단계 / 확장 (3개월 이후)

- 루틴이 정착되면 새로운 업무 영역으로 확장합니다.
- 프롬프트 라이브러리를 구축합니다.

따라 하기 실습

● **나만의 AI 도입 계획 세우기**

아래 빈칸을 채워보세요.

1. 내가 가장 먼저 자동화할 업무: ______________________________

2. 이 업무에 AI를 적용하면 절약되는 시간: 주 _____시간

3. 첫 번째 테스트 날짜: ________________

4. 3개월 후 목표: ________________

 **복붙 프롬프트**

AI 도입 계획 자동 생성 프롬프트

□✕

너는 소상공인·중소기업 AI 도입 컨설턴트야.

다음 정보를 바탕으로 3개월 AI 도입 계획을 만들어줘.

업종: [업종]

직원 수: [명]

현재 가장 힘든 업무: [업무명]

AI 경험 수준: [없음/초보/중급]

1개월차, 2개월차, 3개월차로 나눠서

각 달에 해야 할 것을 구체적으로 정리해줘.

Part.1 마무리

이 파트에서 우리는 AI가 왜 필요한지, 어떤 문제를 해결해 주는지, 그리고 성공한 기업들은 어떻게 AI를 활용했는지 살펴봤습니다.

핵심은 세 가지입니다.

- AI는 기술이 아니라 시간을 벌어주는 도구입니다
- 반복되는 일이 AI의 타깃입니다
- 작은 자동화 1개부터 시작합니다

다음 파트에서는 실제로 AI를 어떻게 쓰는지, 어떤 도구가 있는지, 그리고 좋은 결과를 내는 프롬프트는 어떻게 만드는지 배웁니다. 이론에서 실전으로 넘어가는 시간입니다.

"왜 써야 하는지 알았다면, 이제 어떻게 쓰는지 배울 차례입니다."

하루 10분으로 끝내는
핵심 AI 도구 익히기

02

이 파트에서는 AI 도구의 기본 원리를 이해하고, 좋은 결과를 내는 프롬프트 작성법을 배웁니다. 특히 이 책의 핵심 프레임워크인 로·고·타·루·톤 방법론을 익힙니다.

하루 10분으로 끝내는 핵심 AI 도구 익히기

 **4장** 생성형 AI의 원리와 서비스 특징 쉽게 이해하기

> **TIP**
>
> ※ 로고타루톤 프롬프트 끝에 다음 문장을 추가하면, 더 체계적이고 실질적인 답변을 얻는 데 도움이 됩니다.
>
> **"이건 정말 나한테 매우 중요한 거야. 심호흡하고 차분하게 단계별로 전문가스럽게 알려줘. 반드시 실질적으로 도움이 되게끔 해줘야 해."** ▶ 5강 44페이지 [핵심비법] 로고타루톤을 완성하는 마법의 주문을 참고해주세요!

【 이 장을 읽으면 얻는 것 】

- ChatGPT, Gemini, Claude의 차이를 알게 됩니다
- AI가 어떻게 작동하는지 기본 원리를 이해합니다
- 어떤 도구를 어떤 상황에 써야 하는지 판단할 수 있습니다

1 생성형 AI란 무엇인가?

생성형 AI(Generative AI)는 사람이 질문하면 새로운 내용을 만들어내는 AI입니다. 기존 AI가 "이 사진이 고양이인지 개인지 판별하는" 분류 작업을 했다면, 생성형 AI는 "고양이 이야기를 써줘"라고 하면 직접 글을 씁니다.

쉽게 말하면, 생성형 AI는 "엄청나게 많은 글을 읽고 배운 뒤, 질문에 맞는 새로운 글을 쓰는 AI"입니다. 인터넷에 있는 수십억 개의 문서, 책, 기사를 학습한 AI는 우리가 질문하면 그 지식을 바탕으로 답변을 만들어냅니다. 마치 수십 년 경력의 전문가가 옆에 앉아 있는 것처럼요.

생성형 AI를 잘 쓰는 핵심은 "무엇이든 다 맡기는 것"이 아니라 "어떤 일에 써야 효과적인지 구분하는 것"입니다. 아이디어 정리, 문서 초안 작성, 긴 글 요약, 제목 만들기, 표 정리처럼 반복적이고 구조가 있는 업무에는 매우 강합니다. 반면 최신 정보 확인, 중요한 수치 판단, 최종 의사결정은 사람이 반드시 다시 확인해야 합니다. 즉, AI는 생각을 대신하는 기계가 아니라, 생각의 속도를 높여주는 도구라고 이해하면 가장 쉽습니다.

❷ 목적별 AI 툴 추천 가이드

생성형 AI는 "어떤 도구가 가장 유명한가"보다 "내 업무 목적에 어떤 도구가 가장 잘 맞는가"로
선택해야 합니다. 최근에는 한 가지 도구만 고집하기보다, 문서 작성용·자료 조사용·협업용으로
나누어 쓰는 방식이 가장 효율적입니다. ChatGPT는 글쓰기·연구·데이터 분석 등 범용 업무에
폭넓게 활용되고, Claude Sonnet 4.6은 장문 처리와 전문 지식 업무, 추론·계획 작업이
강화되었으며, Gemini는 Google Workspace와의 연결성이 강하고, Perplexity는 실시간 웹
검색과 출처 기반 답변에 강점이 있습니다.

도구	지금 가장 잘 맞는 목적	핵심 강점	추천 사용자
ChatGPT	문서 초안 작성, 보고서, 이메일, 아이디어 발상, 다목적 실무	글쓰기·연구·생산성 업무 전반에 범용적, 검색·심층 리서치 기능 확장	처음 시작하는 사용자, 실무자, 강사, 기획자
Claude Sonnet 4.6	기획서 구조화, 제안서 논리 보강, 긴 보고서 요약, 장문 분석	장문 문서 처리, 추론, 계획, 지식 업무, 긴 컨텍스트 처리 강화	기획자, 컨설턴트, 보고서 작성이 많은 실무자
Perplexity	자료 조사, 출처 확인, 최신 정보 탐색, 사실 확인	실시간 웹 검색, 출처 제시, 근거 기반 답변	시장조사 담당자, 연구자, 보고서 작성자
Gemini	Google 문서·메일·드라이브 협업, 검색 연계 업무	Docs, Sheets, Slides, Drive와 연결, 파일·이메일 기반 활용 강점	구글 협업 환경 사용자, 팀 단위 업무 사용자

● 목적별 한 줄 추천

- 기획서·제안서처럼 구조와 논리가 중요한 문서

  → **Claude Sonnet 4.6 추천**

- 시장 조사, 경쟁사 분석, 최신 기사·통계·정책 확인

  → **Perplexity 또는 ChatGPT 검색·심층 리서치 추천**

- 보고서 초안, 블로그 글, 이메일, 강의안, 문서 작성 전반

  → **ChatGPT 추천**

- 구글 문서, Gmail, Drive 중심 협업 업무

  → **Gemini 추천**

- 한국어 문장 보정, 간단한 홍보 문구, 초보자용 보조 활용

  → **국내 보조 도구 병행 추천**

❸ AI가 잘하는 것과 못하는 것

AI를 효과적으로 쓰려면 AI의 능력 범위를 알아야 합니다.

AI가 잘하는 것

- 문서 초안 작성 (기획서, 보고서, 제안서, 이메일)

- 아이디어 발굴 (브레인스토밍, 기획 아이디어)

- 요약 및 정리 (긴 문서를 짧게, 복잡한 내용을 쉽게)

- 번역 (한국어 ↔ 영어, 일본어 등)

- 구조화 (목차 만들기, 표 정리)

- 반복 작업 (같은 형식의 문서 여러 개 만들기)

- 어조 변환 (딱딱한 글을 친근하게, 격식체를 구어체로)

AI가 못하는 것 (주의 필요)

- 최신 정보 (2024년 이후 사건은 모를 수 있음)

- 정확한 수치 (통계, 가격, 날짜는 반드시 확인)

- 개인 경험 (사장님만 아는 현장 이야기)

- 창의적 판단 (어떤 전략이 더 좋은지는 사람이 결정)

- 감정 이해 (고객의 진짜 속마음 파악)

이 차이를 알면 AI를 더 잘 활용할 수 있습니다. AI는 초안을 만들고, 사람은 판단하고 완성합니다.

4 AI 도구 시작하기: 처음 3분

ChatGPT를 처음 시작하는 분들을 위한 3분 가이드입니다.

- **1단계: 접속** chat.openai.com에 접속합니다. 구글 계정으로 로그인하면 됩니다.

- **2단계:** 첫 대화 화면 아래 입력창에 원하는 것을 한국어로 입력합니다. 카카오톡 채팅하듯이 하면 됩니다.

- **3단계:** 피드백 결과가 마음에 안 들면 "더 짧게 써줘", "더 친근하게 바꿔줘"라고 추가 요청합니다.

- **4단계: 복사** 마음에 드는 결과가 나오면 복사해서 사용합니다.

이게 전부입니다. 처음부터 완벽할 필요 없습니다. 쓰면서 익히는 것이 가장 빠릅니다.

5 AI 활용의 핵심 원칙 4가지

• 원칙 1: 역할을 지정한다

"너는 마케팅 전문가야"처럼 AI에게 역할을 주면 그 역할에 맞는 답변이 나옵니다.

• 원칙 2: 맥락을 알려준다

"우리 카페는 서울 강남에 있고, 주 고객은 20~30대 직장인이야"처럼 배경을 알려주면 더 맞춤화된 결과가 나옵니다.

• 원칙 3: 형식을 지정한다

"표로 만들어줘", "3가지 버전으로 만들어줘", "500자로 써줘"처럼 원하는 형식을 명확히 합니다.

• 원칙 4: 피드백으로 개선한다

한 번에 완벽한 결과를 기대하지 않습니다. "더 간결하게", "예시를 추가해줘"처럼 피드백을 주면서 완성도를 높입니다.

따라 하기 실습

● AI 도구 첫 테스트

ChatGPT에 다음을 입력해 보세요.

너는 소상공인 전문 컨설턴트야.

내가 운영하는 [업종]의 주요 고객층을 분석해줘.
연령대, 방문 목적, 자주 하는 질문 3가지로 정리해줘.

표 형식으로 만들어줘.

결과를 보고 **"더 구체적으로 써줘"** 또는 **"우리 가게는 [특징]이 있어. 이걸 반영해서 다시 써줘"**라고 피드백해 보세요..

이 실습의 핵심은 "정답을 한 번에 받는 것"이 아니라, 내 업종과 고객 특성에 맞게 AI를 점점 더 정확하게 조정하는 데 있습니다. 처음 결과가 다소 평범해 보여도, 업종 특징·주요 상품·고객 연령·지역 특성을 한두 가지씩 더 알려주면 답변의 품질이 눈에 띄게 좋아집니다. 즉, AI는 처음부터 완벽한 답을 주는 도구가 아니라, 질문을 구체화할수록 더 정확한 실무형 결과를 만들어주는 도구입니다.

5장

로고타루톤으로 완성하는 고품질 프롬프트

핵심 메시지: "좋은 프롬프트는 절반 완성된 결과물이다."

> **TIP**
>
> ※ 로고타루톤 프롬프트 끝에 다음 문장을 추가하면, 더 체계적이고 실질적인 답변을 얻는 데 도움이 됩니다.
>
> **"이건 정말 나한테 매우 중요한 거야. 심호흡하고 차분하게 단계별로 전문가스럽게 알려줘. 반드시 실질적으로 도움이 되게끔 해줘야 해."** ▶ 5강 44페이지 [핵심비법] 로고타루톤을 완성하는 마법의 주문을 참고해주세요!

【 이 장을 읽으면 얻는 것 】

- 로고타루톤 5요소를 이해하고 활용할 수 있습니다
- 어떤 상황에서도 좋은 프롬프트를 만들 수 있습니다
- AI 결과물의 품질이 눈에 띄게 향상됩니다

'로고타루톤'이란?

로고타루톤은 이 책에서 제안하는 **프롬프트 작성 프레임워크**이며, 5개의 요소로 구성됩니다.

- **로(Role):** AI가 어떤 역할을 맡을지
- **고(Goal):** 최종적으로 달성할 목표
- **타(Task):** 구체적인 작업 지시
- **루(Rule):** 반드시 지켜야 할 규칙
- **톤(Tone):** 답변의 말투·분위기

이 5가지를 한 번에 넣으면 어떤 AI 도구를 쓰든 결과물의 품질이 크게 올라갑니다.

1단계 / 로(Role) – "AI야, 너는 지금 누구야?"

- **의미:** AI가 어떤 역할, 어떤 사람처럼 답할지를 지정하는 단계입니다.

- **왜 중요한가?** 역할을 지정하는 순간 AI는 그 직업·역할에 맞는 언어 패턴·어휘·구조를 자동으로 가져옵니다. 같은 질문이라도 "마케팅 전문가"와 "친한 친구"는 완전히 다른 말투와 구조로 답합니다.

실전 예시

● 소상공인 마케팅용

> 너는 소상공인을 대상으로 교육하는 AI 마케팅 전문 강사야.

● HRD 기획용

> 너는 중소기업 연수원을 담당하는 HRD 교육과정 기획 전문가야.

● 보고서 작성용

> 너는 10년 경력의 경영 컨설턴트로, 중소기업 보고서 작성 전문가야.

체크리스트

- ☑ 이 답변은 누가 하는 말이어야 설득력이 높을까?
- ☑ 고객 입장에서 어느 역할의 말이어야 믿을까?
- ☑ 내 업종·상황에 맞는 전문가 역할은 무엇인가?

- **의미:** 최종적으로 달성할 목표, 결과물을 명확히 하는 단계입니다.

- **왜 중요한가?** AI는 목표가 모호하면 산으로 갑니다. "좋은 내용 써줘"가 아니라 "무엇을, 어떤 형식으로, 어디에 쓰려고 하는지"가 구체적일수록 좋습니다.

실전 예시

● **교육 기획서 목표**

> 목표는 2시간짜리 소상공인 대상 AI 기초 교육안을 완성하는 것이야.

● **마케팅 콘텐츠 목표**

> 목표는 우리 카페 인스타그램에 올릴 홍보 글 3개와 해시태그 세트를 만드는 것이야.

체크리스트

- ☑ 이 프롬프트로 어떤 산출물을 만들고 싶은가?
- ☑ A4 1장? 인스타 글 3개? 유튜브 영상 대본 5분 분량?
- ☑ 실무에서 어디에 그대로 붙여 넣을 건가?

3단계 타(Task) – "AI야, 구체적으로 이렇게 일해줘"

• **의미:** 단계별로 수행할 과업과 산출물을 구체적으로 지시하는 단계입니다.

• **왜 중요한가?** AI는 "무엇을 하라"는 지시가 구체적일수록 더 명확한 결과를 만들어냅니다.

실전 예시

● **"교육안 만들어줘" 대신 이렇게 씁니다.**

1. 교육 개요 (대상·목표·시간·준비물)

2. 1교시(이론) 진행 순서와 설명 포인트

3. 2교시(실습)에서 할 활동 3가지

4. 교육 후 과제 또는 후속 활용 방법

체크리스트

☑ 이 결과물이 어떤 항목들로 구성되면 좋은가?

☑ "1, 2, 3단계"로 나누면 어떤 흐름이 될까?

☑ 읽는 사람이 "바로 실행"할 수 있도록 구체적인 행동까지 들어가 있는가?

- **의미:** 답변 형식, 표현 방식, 금지/강조 규칙을 명시하는 단계입니다.

- **왜 중요한가?** AI가 너무 길게, 너무 어렵게, 혹은 엉뚱한 말투로 답하는 걸 막아줍니다. 루(Rule)가 없으면 출력물이 "좋긴 한데 실무에서 쓰기 애매한 글"이 되기 쉽습니다.

실전 예시

반드시 표 형식으로 정리해줘.

전문용어는 줄이고, 고등학생도 이해할 수 있도록 작성해줘.

글자 수는 각 항목당 100자 이내로 제한해줘.

과장된 표현(최고, 완벽, 절대적)은 쓰지 마.

체크리스트

☑ 글자 수, 분량 제한이 필요한가?

☑ 표/목록/문단 중 어떤 형식이 좋은가?

☑ 절대 쓰지 말아야 할 말은 없는가?

☑ 꼭 들어가야 할 키워드는 무엇인가?

5단계 / 톤(Tone) – "어떤 분위기와 말투로 말하게 할까?"

- **의미:** 답변의 말투·분위기를 설정하는 단계입니다.

- **왜 중요한가?** 같은 내용도 말투에 따라 신뢰감과 설득력이 달라집니다. 소상공인을 대상으로 할 때와 대기업 임원을 대상으로 할 때의 말투는 완전히 다릅니다.

실전 예시

말투는 친절하지만 단호한 컨설턴트처럼 해줘.

초보자도 따라 할 수 있게 차근차근 설명해줘.

과장된 광고 문구는 쓰지 말고, 현실적인 조언 위주로 작성해줘.

체크리스트

☑ 이 글은 누가 읽을 때 가장 효과적인가?

☑ 너무 딱딱하면 안 되는가? 너무 가벼우면 안 되는가?

☑ 강조해야 할 부분은 어디인가?

● 로고타루톤 완전체 프롬프트 템플릿

5요소를 한 번에 합친 실전 템플릿입니다.

[로] 너는 [역할]이야.

[고] 목표는 [최종 결과물]을 만드는 것이야.

[타]

1) [첫 번째 작업]

2) [두 번째 작업]

3) [세 번째 작업]

[루]

- [규칙 1]

- [규칙 2]

- [규칙 3]

[톤] [원하는 말투]로 작성해줘.

● 로고타루톤 실전 예시 3가지

예시 1: 카페 인스타그램 홍보 글

[로] 너는 소상공인 카페·음식점 전문 SNS 마케터야.

[고] 목표는 우리 카페 신메뉴 딸기 라떼를 홍보하는 인스타그램 게시물을 만드는 것이야.

[타]

1) 후킹 제목 5개 (15자 이내)

2) 본문 글 3개 (각 200자, 다른 톤으로)

3) 해시태그 세트 (각 10개)

[루]

- 과장된 표현 금지 (최고, 유일, 완벽)

- 감성적이고 따뜻한 느낌 유지

- 20~30대 여성이 공감할 수 있는 표현 사용

[톤] 친근하고 감성적인 카페 계정 느낌으로 작성해줘.

예시 2: 월간 보고서 자동 생성

□ ✕

[로] 너는 10년 경력의 경영 분석 전문가야.

[고] 목표는 이번 달 매출 데이터를 기반으로 경영진에게 보고할 월간 보고서를 만드는 것이야.

[타]

1) 이번 달 핵심 성과 요약 (3줄)

2) 전월 대비 변화 분석 (표)

3) 주요 이슈 및 원인 분석 (3가지)

4) 다음 달 개선 방향 (3가지)

[루]

- 수치는 반드시 포함

- 전문 용어는 괄호로 쉽게 설명

- A4 1페이지 분량

[톤] 전문적이지만 읽기 쉬운 비즈니스 보고서 톤으로 작성해줘.

예시 3: 교육 기획서 작성

□✕

[로] 너는 중소기업 HRD 교육과정 기획 전문가야.

[고] 목표는 신입 직원 대상 2시간짜리 AI 활용 교육 기획서를 완성하는 것이야.

[타]

1) 교육 목적 및 기대 효과

2) 교육 대상 및 사전 조건

3) 세부 커리큘럼 (시간대별)

4) 실습 활동 3가지

5) 평가 방법

[루]

– 표 형식으로 정리

– 실습 중심으로 구성 (이론 40%, 실습 60%)

– 초보자도 따라 할 수 있는 수준

[톤] 교육 담당자가 바로 실행할 수 있는 실용적인 톤으로 작성해줘.

 ## [핵심 비법] 로고타루톤을 완성하는 마법의 주문

로고타루톤 5요소(역할, 목표, 작업, 규칙, 톤)를 잘 작성했다면, 마지막으로 AI의 성능을 200% 끌어올리는 **'마법의 주문'**을 추가할 차례입니다.

이 주문들은 단순한 요청이 아니라, AI가 더 깊이 생각하고 더 넓게 자료를 찾도록 만드는 과학적인 프롬프트 기술입니다.

■ 기본 마법 주문: "심호흡하고 차분하게 단계별로 생각해"

AI에게 복잡하고 중요한 업무를 맡길 때, 프롬프트 맨 마지막에 이 문장을 꼭 넣어보세요.

"이건 나한테 정말 매우 중요한 거야. 심호흡하고 차분하게 단계별로 생각하고 전문가스럽게 작성해 줘."

이 문장은 단순한 감정적 호소가 아닙니다. 구글 딥마인드(Google DeepMind)와 마이크로소프트(Microsoft) 등의 최신 AI 연구 논문에 따르면, 대규모 언어 모델(LLM)은 이러한 '감정적 자극'과 '단계적 사고' 지시를 이해하고, 이를 통해 답변의 정확도와 논리성을 크게 향상시킵니다.

- **쉬운 뜻:** AI에게 "이 일은 중요하니 대충 한 번에 답하지 말고, 사람처럼 논리적인 순서를 밟아가며 꼼꼼하게 처리해"라고 당부하는 것입니다.
- **어디에 쓰는지:** 기획서 초안 작성, 복잡한 데이터 분석, 중요한 이메일 작성 등 결과물의 완성도가 매우 중요할 때 로고타루톤의 [톤]이나 프롬프트 맨 마지막에 추가합니다.

② 상황별 추가 주문: 내 목적에 맞게 골라 쓰기

기본 마법 주문 뒤에, 여러분의 상황과 목적에 따라 아래의 문장들을 추가로 붙여보세요. 결과물의 질이 완전히 달라집니다.

① 글로벌 시각이 필요할 때: "영어 자료도 검색해 줘" AI는 기본적으로 질문한 언어(한국어)를 중심으로 답변을 생성합니다. 하지만 최신 트렌드나 전문 자료는 영어로 된 정보가 훨씬 방대합니다.

- **추가 문장:** "추가로 영어 자료도 검색해서 한국어로 번역해 반영해 줘."
- **어디에 쓰는지:** 신사업 기획, 해외 트렌드 조사, 경쟁사 분석 등 폭넓은 시야가 필요할 때 사용합니다.

② 설득력이 필요할 때: "국내외 성공 사례를 찾아줘" 기획서나 보고서를 설득력 있게 만드는 가장 강력한 무기는 바로 '사례'입니다.

- **추가 문장:** "반드시 이 전략을 실제로 적용해서 성공한 국내외 기업이나 소상공인의 구체적인 성공 사례를 찾아서 포함해 줘."
- **어디에 쓰는지:** 제안서, 기획서, 투자 유치 발표 자료 등 누군가를 설득해야 하는 문서에 필수적으로 들어갑니다.

③ 현장 적용이 필요할 때: "실질적으로 도움이 되게 해 줘" AI가 쓴 글이 겉보기엔 번지르르하지만 막상 실무에 쓰려면 뜬구름 잡는 소리인 경우가 많습니다.

- **추가 문장:** "이론적인 설명은 빼고, 당장 내일 아침 출근해서 바로 써먹을 수 있게 실질적으로 도움이 되게 작성해 줘."
- **어디에 쓰는지:** 마케팅 아이디어 도출, 업무 프로세스 개선안, 직원 교육 매뉴얼 등 실제 행동으로 이어져야 하는 결과물을 원할 때 사용합니다.

 ## [실전 적용 예시] 마법의 주문 합체하기

로고타루톤 프롬프트 맨 마지막에 이렇게 합쳐서 사용해 보세요.

[톤] "이건 나한테 정말 매우 중요한 거야. 심호흡하고 차분하게 단계별로 생각하고 전문가스럽게 작성해 줘. 그리고 반드시 구체적인 국내외 성공 사례를 찾아서 포함해 줘."

[톤] "이건 나한테 정말 매우 중요한 거야. 심호흡하고 차분하게 단계별로 생각하고 전문가스럽게 작성해 줘. 추가로 영어 자료도 검색해서 반영하고, 당장 내일 써먹을 수 있게 실질적으로 도움이 되게 해 줘."

따라 하기 실습

● 내 업무에 맞는 로고타루톤 프롬프트 만들기

아래 빈칸을 채워서 나만의 프롬프트를 만들어보세요.

□ ✕

[로] 너는 ＿＿＿＿＿＿＿＿＿＿＿＿＿ 이다.

[고] 목표는 ＿＿＿＿＿＿＿ 을 만드는 것이다.

[타]

1) ＿＿＿＿＿＿＿＿＿

2) ＿＿＿＿＿＿＿＿＿

3) ＿＿＿＿＿＿＿＿＿

[루]

– ＿＿＿＿＿＿＿

– ＿＿＿＿＿＿＿

[톤] ＿＿＿＿＿＿＿ 으로 작성해줘.

● **초보자 실수**

- **실수 1: 역할을 너무 모호하게 지정한다**

  "전문가야" → 어떤 분야 전문가인지 모릅니다

  "소상공인 마케팅 전문가야" → 훨씬 구체적입니다

- **실수 2: 목표를 결과물이 아닌 행동으로 쓴다**

  "마케팅을 도와줘" → 무엇을 만들지 모릅니다

  "인스타그램 게시물 3개를 만드는 것이 목표야" → 명확합니다

- **실수 3: 규칙을 너무 많이 넣는다**

  규칙은 3~5개가 적당합니다. 너무 많으면 AI가 혼란스러워합니다.

"초보자가 가장 많이 하는 실수는 "한번에 완벽한 답을 받으려는 마음"입니다." AI는 처음부터 정답을 주는 도구가 아니라, 역할을 구체화하고 목표를 분명히 하고 규칙을 적절히 조정할수록 결과가 좋아지는 도구입니다. 따라서 답변이 아쉬우면 실패로 보지 말고, 역할·목표·규칙 중 무엇이 모호했는지 점검한 뒤 한 가지씩 수정해 다시 요청하는 습관이 중요합니다. 이것이 초보자와 실전 사용자의 가장 큰 차이입니다.

6장   업종별·업무별로 바로 쓰는 실전 프롬프트 모음

핵심 메시지: "프롬프트는 만드는 게 아니라 '복붙'해서 쓰는 것이다"

> **TIP**
>
> ※ 로고타루톤 프롬프트 끝에 다음 문장을 추가하면, 더 체계적이고 실질적인 답변을 얻는 데 도움이 됩니다.
> **"이건 정말 나한테 매우 중요한 거야. 심호흡하고 차분하게 단계별로 전문가스럽게 알려줘. 반드시 실질적으로 도움이 되게끔 해줘야 해."** ▶ 5강 44페이지 [핵심비법] 로고타루톤을 완성하는 마법의 주문을 참고해주세요!

【 이 장을 읽으면 얻는 것 】

- 내 업종에 맞는 프롬프트를 바로 사용할 수 있습니다
- 다양한 업무 상황별 프롬프트 패턴을 익힙니다
- 프롬프트를 변형해서 활용하는 방법을 배웁니다

 ## 마케팅·콘텐츠 프롬프트

① 월간 콘텐츠 캘린더 생성

□✕

[로] 너는 소상공인 SNS 마케팅 전문가야.

[고] [업종] 가게의 이번 달 인스타그램 콘텐츠 캘린더를 만드는 것이 목표야.

[타]

1) 이번 달 주요 이벤트·기념일 파악

2) 주 3회 게시물 주제 선정 (총 12~15개)

3) 각 게시물: 제목 + 본문 200자 + 해시태그 10개

[루] 과장 표현 금지, 실제 가게 분위기 반영, 상업적 느낌 최소화

[톤] 친근하고 따뜻한 동네 가게 느낌으로 작성해줘.

② 경쟁사 분석 보고서

[로] 너는 시장 분석 전문가야.

[고] [업종] 분야 경쟁사 3곳을 분석한 보고서를 만드는 것이 목표야.

[타]

1) 각 경쟁사의 강점 3가지

2) 각 경쟁사의 약점 3가지

3) 우리가 차별화할 수 있는 포인트 5가지

[루] 표 형식, 객관적 분석, 추측은 추측이라고 표시

[톤] 전략 컨설턴트처럼 분석적으로 작성해줘.

③ 신제품·신메뉴 홍보 문구

[로] 너는 카피라이터야.

[고] [제품/메뉴명]의 홍보 문구를 만드는 것이 목표야.

[타]

1) 슬로건 10개 (10자 이내)

2) 인스타 캡션 5개 (각 200자)

3) 카카오 채널 공지 문구 3개

[루] 과장 금지, [타깃 고객] 공감 언어 사용, 구매 욕구 자극

[톤] [업종]의 브랜드 느낌에 맞게 작성해줘.

※ 이 장에서는 업종별·업무별로 바로 쓸 수 있는 프롬프트를 정리합니다. 대괄호 [ ] 안의 내용만 내 상황에 맞게 바꾸면 됩니다.

④ 프로모션 기획안

[로] 너는 소상공인 프로모션 기획 전문가야.

[고] 이번 달 매출을 올리기 위한 프로모션 기획안을 만드는 것이 목표야.

[타]

1) 프로모션 아이디어 10개

2) 각 아이디어별 실행 방법

3) 예상 비용과 기대 효과

4) 추천 TOP 3 선정 이유

[루] 현실적인 예산 범위 내, 실행 가능한 것만, 복잡하지 않게

[톤] 실용적이고 바로 실행할 수 있는 느낌으로 작성해줘.

 고객 응대·CS 프롬프트

⑤ FAQ 자동 생성

[로] 너는 고객 응대 전문가야.

[고] [업종]에서 자주 받는 질문 20개와 답변을 만드는 것이 목표야.

[타]

1) 질문 유형 5개 분류 (가격/예약/운영/위치/서비스)

2) 각 유형별 질문 4개씩

3) 각 답변 2~4문장

[루] 존댓말, 고객 압박 표현 금지, 날짜·가격은 [ ]로 비워두기

[톤] 정중하고 친절한 CS 톤으로 작성해줘.

⑥ 리뷰 답글 템플릿

[로] 너는 리뷰 응대 전문가야.

[고] 긍정/중립/부정 리뷰에 대응할 답글 템플릿을 만드는 것이 목표야.

[타]

1) 칭찬 리뷰 답글 5개

2) 아쉬움 섞인 리뷰 답글 5개

3) 불만 리뷰 답글 5개 (사과→확인→조치 구조)

[루] 책임 회피 금지, 3~5문장 이내, 존댓말

[톤] 진심이 느껴지는 따뜻한 말투로 작성해줘.

⑦ 단골 고객 관리 메시지

[로] 너는 CRM 전문가야.

[고] 단골 고객에게 보낼 메시지 12종 세트를 만드는 것이 목표야.

[타]

1) 감사 메시지 3개

2) 재방문 유도 메시지 3개

3) 기념일/생일 메시지 3개

4) 시즌·신메뉴 안내 메시지 3개

[루] 영업 티 최소화, 존댓말, 이모지 1~2개만

[톤] 진심이 느껴지는 따뜻한 말투로 작성해줘.

 기획·보고서 프롬프트

⑧ 기획서 목차 자동 생성

[로] 너는 사업기획 전문가야.

[고] [사업명/프로젝트명]의 기획서 목차를 만드는 것이 목표야.

[타]

1) 기획서 목차 3개 버전 (A/B/C안)

2) 각 버전별 섹션 5개

3) 각 섹션에 들어갈 내용 2~3줄 설명

[루] 실행 가능한 구조, 논리적 흐름, 중복 없이

[톤] 전문적이지만 읽기 쉬운 기획서 톤으로 작성해줘.

⑨ 주간 보고서 자동 생성

[로] 너는 경영 보고서 전문가야.

[고] 이번 주 업무 내용을 정리한 주간 보고서를 만드는 것이 목표야.

[타]

1) 이번 주 주요 성과 3가지

2) 진행 중인 업무 현황

3) 이슈 및 해결 방안

4) 다음 주 계획

[루] 표 형식, A4 1페이지, 수치 포함

[톤] 명확하고 간결한 보고서 톤으로 작성해줘.

⑩ 사업계획서 핵심 섹션 작성

[로] 너는 사업계획서 전문 컨설턴트야.

[고] [사업명]의 사업계획서 핵심 섹션을 만드는 것이 목표야.

[타]

1) 사업 개요 (300자)

2) 시장 분석 (경쟁 현황, 기회 요인)

3) 차별화 전략 3가지

4) 수익 모델

5) 실행 계획 (3개월/6개월/1년)

[루] 구체적인 수치 포함, 현실적인 계획, 투자자 관점

[톤] 신뢰감 있는 전문 사업계획서 톤으로 작성해줘.

 **교육·HR 프롬프트**

⑪ 교육 커리큘럼 자동 생성

□×

[로] 너는 HRD 교육과정 설계 전문가야.

[고] [교육 주제] 관련 [시간]짜리 교육 커리큘럼을 만드는 것이 목표야.

[타]

1) 교육 목표 및 기대 효과

2) 세부 커리큘럼 (시간대별 구성)

3) 실습 활동 3가지

4) 평가 방법

[루] 이론 40% 실습 60%, 초보자 기준, 표 형식

[톤] 교육 담당자가 바로 실행할 수 있는 실용적인 톤으로 작성해줘.

⑫ 직원 교육 자료 초안

□×

[로] 너는 직원 교육 자료 전문가야.

[고] [교육 주제]에 대한 직원 교육 자료를 만드는 것이 목표야.

[타]

1) 핵심 내용 5가지 (각 설명 + 예시)

2) 실습 문제 3개

3) 체크리스트 10개

4) 요약 정리 (1페이지)

[루] 쉬운 말, 예시 중심, 현장 적용 가능

[톤] 친근하고 이해하기 쉬운 교육 자료 톤으로 작성해줘.

🤖 홍보·PR 프롬프트

⑬ 보도자료 초안 작성

[로] 너는 PR 전문가야.

[고] [사업/행사/제품]에 대한 보도자료를 만드는 것이 목표야.

[타]

1) 제목 3개 제안

2) 리드 문단 (핵심 요약 3~4줄)

3) 본문 (배경→내용→특징 순서)

4) 인용문 2개

5) 회사 소개 1문단

[루] 과장 표현 금지, 객관적 사실 중심, 언론 배포 가능 수준

[톤] 공손하고 전문적인 언론 보도 스타일로 작성해줘.

⑭ 이메일 뉴스레터 작성

[로] 너는 이메일 마케팅 전문가야.

[고] [업종] 고객에게 보낼 이번 달 뉴스레터를 만드는 것이 목표야.

[타]

1) 제목 (클릭률 높은 제목 5개)

2) 인사말 (2~3줄)

3) 이번 달 주요 소식 3가지

4) 특별 혜택·이벤트 안내

5) 마무리 인사

[루] 500자 이내, 읽기 쉽게, 링크 클릭 유도

[톤] 친근하고 신뢰감 있는 브랜드 뉴스레터 톤으로 작성해줘.

 **운영·관리 프롬프트**

⑮ 업무 매뉴얼 작성

□×

[로] 너는 업무 프로세스 전문가야.

[고] [업무명]에 대한 업무 매뉴얼을 만드는 것이 목표야.

[타]

1) 업무 개요 및 목적

2) 단계별 프로세스 (5~10단계)

3) 각 단계별 주의사항

4) 자주 발생하는 실수와 해결법

5) 체크리스트

[루] 신입 직원도 이해 가능, 구체적인 행동 지침, 표 형식

[톤] 명확하고 친절한 매뉴얼 톤으로 작성해줘.

⑯ 회의 안건·결과 정리

□×

[로] 너는 비즈니스 커뮤니케이션 전문가야.

[고] 오늘 회의 내용을 정리한 회의록을 만드는 것이 목표야.

[타]

1) 회의 개요 (일시/참석자/목적)

2) 주요 논의 내용 요약

3) 결정 사항 목록

4) 각 담당자별 액션 아이템

5) 다음 회의 일정

[루] 간결하게, 결정 사항 명확히, 담당자·기한 포함

[톤] 명확하고 간결한 비즈니스 문서 톤으로 작성해줘.

● 프롬프트 활용 팁

프롬프트 라이브러리 만들기 잘 작동하는 프롬프트는 노션, 구글 독스, 메모장에 저장해 두세요. 업무 유형별로 분류하면 나중에 찾기 쉽습니다.

프롬프트 버전 관리 같은 프롬프트도 조금씩 수정하면서 어떤 버전이 더 좋은 결과를 내는지 비교해 보세요.

팀과 공유 좋은 프롬프트는 팀원들과 공유하세요. 팀 전체의 생산성이 올라갑니다.

업데이트 AI 도구가 업데이트되면 프롬프트도 업데이트가 필요할 수 있습니다. 3개월에 한 번씩 점검하세요.

좋은 프롬프트는 한 번 쓰고 끝나는 문장이 아니라, 반복해서 다듬고 축적하는 업무 자산입니다. 따라서 잘 나온 프롬프트는 결과물 예시와 함께 저장하고, 언제 어떤 상황에서 썼는지 간단한 메모를 남겨두면 다음 작업 속도가 훨씬 빨라집니다. 결국 프롬프트 활용의 핵심은 '잘 쓰는 것'보다 '잘 모으고, 잘 고치고, 잘 공유하는 것'입니다. 이 습관이 쌓이면 개인의 편의를 넘어 팀의 공통 생산성으로 연결됩니다.

Part.2 마무리

이 파트에서 우리는 AI 도구의 기본 원리를 이해하고, 로고타루톤 프롬프트 작성법을 배웠습니다. 그리고 다양한 업무 상황에서 바로 쓸 수 있는 프롬프트 모음도 확인했습니다.

이제 여러분은 AI에게 "좋은 질문"을 할 수 있는 기초를 갖췄습니다.

다음 파트에서는 이 기술을 실제 기획서·보고서·제안서 작성에 적용합니다. 아이디어에서 완성된 문서까지, AI와 함께하는 5단계 자동화 프로세스를 배웁니다.

"도구를 알았다면, 이제 실전에서 써볼 차례입니다"

중요한 것은 AI를 '아는 것'에서 끝내지 않고, 내 업무에 맞는 질문 방식과 활용 루틴으로 연결하는 것입니다. 결국 실무 성과는 도구 자체보다도, 어떤 문제에 어떤 프롬프트를 적용하느냐에 따라 달라집니다. 다음 파트에서는 이 기본기를 바탕으로 기획서, 보고서, 제안서를 더 빠르고 더 설득력 있게 완성하는 실전 방법을 단계별로 익히게 됩니다.

기획·보고서·문서를 AI로 끝내기

이 파트의 핵심 메시지

문서는 '작성'이 아니라 '생성'의 시대

03

이 파트에서는 기획서, 보고서, 제안서를 AI로 만드는 실전 방법을 배웁니다. 아이디어에서 완성된 문서까지, AI와 함께하는 구체적인 프로세스를 익힙니다.

기획·보고서·문서를 AI로 끝내기

7장 아이디어 ▶ 조사 ▶ 구조화 ▶ 초안 ▶ 시각화 '5단계 자동화'

> **TIP**
>
> ※ 로고타루톤 프롬프트 끝에 다음 문장을 추가하면, 더 체계적이고 실질적인 답변을 얻는 데 도움이 됩니다.
>
> **"이건 정말 나한테 매우 중요한 거야. 심호흡하고 차분하게 단계별로 전문가스럽게 알려줘. 반드시 실질적으로 도움이 되게끔 해줘야 해."** ▶ **5강 44페이지** [핵심비법] 로고타루톤을 완성하는 마법의 주문을 참고해주세요!

【 이 장을 읽으면 얻는 것 】

- 기획서 작성의 5단계 프로세스를 이해합니다
- 각 단계에서 AI를 어떻게 활용하는지 배웁니다
- 기획서 작성 시간이 3시간에서 30분으로 줄어듭니다

 기획서가 어려운 진짜 이유

많은 사람들은 "기획서는 머리가 좋아야 잘 쓴다", "자료 조사가 제일 어렵다", "문장을 잘 써야 한다"라고 생각합니다. 하지만 생성형 AI 시대에는 **문장력·자료 조사력·구조화 능력보다 '과정 설계'가 더 중요**합니다. AI에게 일시키는 구조만 제대로 잡으면 기획서 대부분은 **10~15분 안에 초안이 완성**됩니다. 이 장은 기획·보고서 작업을 5단계 자동화 프로세스로 정리합니다.

- 아이디어 생성
- 자료 조사
- 구조화
- 초안 생성
- 시각화 (PPT·표·그래프)

이 과정을 익히면 AI가 "속도", 사장님은 "방향"을 담당하는 이상적인 협업 구조가 만들어집니다.

"생각의 뼈대를 3초 만에 만드는 단계"

예전엔 아이디어를 만들려면 자료를 읽고, 고민하고, 정리하는 과정이 필요했습니다. AI는 이 과정을 즉시 자동화합니다.

● 핵심 포인트

- 아이디어는 "완성형"을 요구하는 단계가 아닙니다
- "문제를 어떻게 바라볼지" 방향만 잡아주면 됩니다

● 실전 지시문

> 우리 [업종/사업]의 [목표]를 달성하기 위한 아이디어 10개를 만들어줘.
>
> 트렌드 기반 5개, 고객 기반 5개로 구분해줘.
>
> 각 아이디어는 제목 + 핵심 내용 2줄로 정리해줘.

🤖 AI가 잘하는 것

- 트렌드 결합
- 기존 시장 비교
- 고객 중심 사고
- 유사 업종 성공 사례 차용

아이디어 단계에서 중요한 것은 "아 이 방향으로 기획서를 쓰면 되겠구나"를 잡는 것이지 최종 문장을 만드는 것이 아닙니다. 이 단계에서 초안의 **70%가 이미 결정**됩니다.

2단계　자료 조사 자동화

"검색·요약·정리·출처 관리까지 AI가 대신한다"

기획서가 어려운 가장 큰 이유는 **자료 조사에 시간이 너무 많이 걸리기 때문**입니다. 하지만 AI는 '검색 → 요약 → 근거 추출 → 인용 정리'까지 한 번에 합니다.

● 실전 지시문

> [주제]와 관련된 최신 근거 10개를 정리해줘.
>
> 각 근거는 다음 4가지로 표로 정리해줘.
>
> ① 출처 ② 날짜 ③ 핵심 문장(30자) ④ 우리 사업에 주는 의미

이렇게 지시하면 자료 조사는 10분 → 30초로 줄어듭니다.

● 주의할 점

- AI 자료는 '참고용'입니다
- 핵심 근거만 뽑고, 필요하면 링크·논문·정부 데이터로 보강합니다
- 사실성 검증은 반드시 사람이 합니다

자료 조사 자동화의 핵심은 '많이 찾는 것'이 아니라 '바로 쓸 수 있게 정리하는 것'입니다. 따라서 검색 결과를 그대로 모으기보다, 출처·날짜·핵심 문장·활용 의미까지 한 번에 정리하게 해야 기획서와 보고서 작성 속도가 크게 빨라집니다. 특히 우리 사업에 주는 의미를 함께 뽑아내면 단순 정보 수집이 아니라, 바로 전략 판단과 문서 작성으로 이어지는 구조가 됩니다. 결국 AI는 자료를 대신 찾는 도구를 넘어, 조사 결과를 실무 언어로 바꿔주는 도구입니다.

AI는 방향과 구조를 잡아주는 도구이지만, 사실 확인은 여전히 사람의 몫입니다.

"기획서의 80%는 '구조(목차)'가 결정한다"

좋은 기획서는 문장보다 구조(프레임)가 더 중요합니다. 구조만 명확하면 문장은 AI가 얼마든지 채워 넣을 수 있습니다.

● 실전 지시문

> □✕
>
> 이 프로젝트를 평가하는 데 적합한 기획서 목차 3개 버전(A/B/C안)을 만들어줘.
>
> 각 버전은 다음 순서로 구성해줘.
>
> ① 문제 정의　② 분석　③ 해결 전략　④ 실행 계획　⑤ 기대 효과

AI는 이 지시에 따라 3~5개의 구조를 자동 생성하고, 사장님은 가장 마음에 드는 구조를 선택하면 됩니다. 좋은 구조는 보기 좋게 나열된 목차가 아니라, 읽는 사람이 자연스럽게 이해하고 설득되도록 흐름을 만드는 설계도입니다. 따라서 목차를 만들 때는 '무엇을 쓸까'보다 '어떤 순서로 보여줘야 이해가 빠를까'를 먼저 생각해야 합니다. 특히 문제 정의와 해결 전략, 실행 계획과 기대 효과가 끊기지 않고 이어지면 기획서의 설득력이 훨씬 높아집니다. 결국 구조를 먼저 잡는다는 것은 문장을 쓰기 전에 이미 기획의 방향을 결정하는 일입니다.

● Tip

- 구조는 반드시 3안 이상 받습니다
- 선택한 구조만 다시 확장해서 디테일을 잡습니다
- 구조만 정리되면 기획서의 절반이 완성됩니다

4단계 / 초안 자동 생성

"AI의 진짜 힘이 드러나는 순간"

구조가 결정되면 AI는 내용을 빠르게 채워 넣을 수 있습니다.

● 실전 지시문

> 선택한 B안 구조에 맞춰 A4 1~2장 분량의 초안을 작성해줘.
>
> 조사한 근거와 아이디어를 모두 반영하고,
>
> 내용은 '문제 → 근거 → 전략 → 실행 계획 → 기대효과' 순으로 작성해줘.

AI 초안은 '거의 완성형' 수준이지만, 사람이 마지막에 다음 세 가지만 정리하면 최종본이 됩니다.
초안 작성 단계의 핵심은 '처음부터 완벽하게 쓰는 것'이 아니라, 빠르게 전체 흐름을 만든 뒤 사람이 핵심만 다듬는 데 있습니다. 특히 AI가 만든 초안은 구조와 속도 면에서 강점이 크기 때문에, 사람은 표현의 자연스러움, 숫자의 정확성, 현장 경험이 담긴 문장만 보완하면 됩니다. 결국 초안 자동 생성은 문서를 대신 끝내주는 기능이 아니라, 문서 완성 시간을 획기적으로 줄여주는 출발점입니다.

- 어조 통일
- 수치 보정
- 실제 운영 경험을 반영

초안은 "완성형이 아니다"

AI는 초안을 잘 만듭니다. 하지만 최종 책임은 사람에게 있습니다. 초안은 뼈대, 수정은 사람의 판단으로 합니다.

"슬라이드·표·그래프는 AI가 가장 잘하는 영역"

PPT가 어려운 이유는 디자인이 아니라 정리의 어려움 때문입니다. AI는 문서에서 핵심 요소를 추출해 슬라이드용 문장, 표, 그래프를 자동으로 만들어 줍니다.

● PPT 자동 생성 예시

이 초안을 기반으로 10장 분량의 발표용 슬라이드 텍스트를 만들어줘.

각 장은 ① 제목(10자) ② 핵심 문장(20자) 두 줄로 구성해줘.

● 표 자동 생성 예시

전략 3개를 '목표 / 실행안 / 예상효과 / 필요자원' 4열 표로 정리해줘.

● 그래프 자동 생성 예시

핵심 수치 5개를 그래프로 만들기 좋은 형태로 요약해줘.

어떤 그래프 종류가 적합한지도 추천해줘.

이 단계가 완성되면 PPT, 보고서, 카드뉴스, 발표문이 모두 자동으로 생산됩니다.

6단계 자동화 전체 흐름 요약

단계	작업	AI 역할	사람 역할
1단계	아이디어 생성	다양한 아이디어 제안	방향 선택
2단계	자료 조사	근거 수집·정리	사실 확인
3단계	구조화	목차 3개 버전 생성	구조 선택
4단계	초안 생성	문장 채우기	검토·수정
5단계	시각화	PPT·표·그래프 정리	최종 확인

이 5단계만 따라 하면 AI는 "속도·정리·문서·시각화"를 담당하고, 사장님은 "판단·경험·현장감"을 담당하게 됩니다.

이 5단계의 핵심은 AI가 모든 것을 대신하는 것이 아니라, 사람의 판단이 필요한 부분과 자동화해도 되는 부분을 분명히 나누는 데 있습니다. AI가 속도와 정리, 초안과 시각화를 맡으면 사람은 방향, 우선순위, 현실성, 최종 결정에 집중할 수 있습니다. 결국 자동화의 목적은 일을 줄이는 것이 아니라, 더 중요한 판단에 시간을 쓰게 만드는 것입니다.

상황: 카페 사장님이 여름 시즌 신메뉴 출시 기획서를 만들어야 합니다.

1단계 아이디어

□ ✕

우리 카페의 여름 시즌 신메뉴 아이디어 10개를 만들어줘.

트렌드 기반 5개, 우리 단골 고객 취향 기반 5개로 구분해줘.

→ AI가 10개 아이디어 제안 (30초)

2단계 자료 조사

□ ✕

2024년 카페 여름 음료 트렌드 3가지와 각 트렌드의 근거를 정리해줘.

→ AI가 트렌드 정리 (30초)

3단계 구조화

□ ✕

여름 신메뉴 출시 기획서 목차를 만들어줘.

목적, 시장 분석, 메뉴 구성, 가격 전략, 마케팅 계획, 기대 효과 포함.

→ AI가 목차 생성 (30초)

4단계 초안

□ ✕

위 목차에 맞춰 신메뉴 출시 기획서 초안을 A4 1페이지로 작성해줘.

→ AI가 초안 생성 (1분)

5단계 시각화

□ ✕

이 기획서를 5장짜리 발표 슬라이드로 만들어줘.

각 슬라이드: 제목 + 핵심 포인트 3개.

→ AI가 슬라이드 텍스트 생성 (30초)

- 총 소요 시간: 약 5분 (검토·수정 포함 30분)

따라 하기 실습

● 내 업무에 맞는 기획서 만들기

이 실습의 핵심은 한 번에 완성된 결과를 받는 것이 아니라, 아이디어 → 조사 → 구조화 → 초안 → 슬라이드까지 흐름을 직접 연결해보는 데 있습니다. 특히 각 단계의 결과를 다음 단계의 입력값으로 활용하면 AI를 단순한 질문 도구가 아니라, 실제 문서 작업을 함께하는 협업 도구로 쓸 수 있습니다. 처음에는 짧게 시작해도 괜찮습니다. 중요한 것은 완벽함보다 흐름을 끝까지 경험해보는 것입니다. 다음 순서로 따라 해보세요.

□ X

1단계: "우리 [업종]의 [목표] 달성을 위한 아이디어 5개를 만들어줘."

2단계: "[주제]와 관련된 최신 트렌드 3가지를 정리해줘."

3단계: "이 내용으로 기획서 목차를 만들어줘. 5개 섹션으로."

4단계: "위 목차에 맞춰 A4 1페이지 기획서 초안을 써줘."

5단계: "이 기획서를 5장 슬라이드로 만들어줘."

8장

AI로 만드는 고품질 제안서·사업계획서

핵심 메시지: "내용은 사람이, 구조와 초안은 AI가 작성한다"

※ 로고타루톤 프롬프트 끝에 다음 문장을 추가하면, 더 체계적이고 실질적인 답변을 얻는 데 도움이 됩니다.

"이건 정말 나한테 매우 중요한 거야. 심호흡하고 차분하게 단계별로 전문가스럽게 알려줘. 반드시 실질적으로 도움이 되게끔 해줘야 해." ▶ **5강 44페이지** [핵심비법] 로고타루톤을 완성하는 마법의 주문을 참고해주세요!

【 이 장을 읽으면 얻는 것 】

- 제안서·사업계획서의 구조를 이해합니다
- AI로 각 섹션을 자동 생성하는 방법을 배웁니다
- 투자자·고객을 설득하는 제안서를 빠르게 만들 수 있습니다

 제안서·사업계획서가 어려운 이유

제안서·사업계획서는 많은 사람들에게 어려운 문서입니다. 왜냐하면 "어떤 구조로, 무엇을, 어떻게 써야 하는지 몰라서" 헤매게 됩니다. 하지만 AI 시대에는 제안서·사업계획서 작성 방식이 완전히 바뀌었습니다.

- **이전 방식:** 자료 모으기 → 구조 잡기 → 문장 쓰기 → 예시와 근거 넣기 → 시각화 → PPT 만들기 (모든 과정을 사람이 직접)
- **현재 방식:** 방향·경험·현실성은 사람이 잡고, 구조·초안·표·그래프·예시·근거는 AI가 자동으로 만듭니다.

제안서와 사업계획서의 핵심은 글을 잘 쓰는 것이 아니라, 상대가 궁금해하는 순서대로 답을 주는 것입니다. 즉, 무엇을 하려는지, 왜 필요한지, 어떻게 실행할지, 어떤 효과가 나는지를 명확하게 보여줘야 설득력이 생깁니다. AI는 이 흐름에 맞춰 구조와 초안을 빠르게 만들어주고, 사람은 현실성·차별성·현장 경험을 더해 완성도를 높이면 됩니다. 결국 좋은 제안서는 사람이 방향을 잡고, AI가 속도를 붙일 때 가장 강해집니다.

STEP 1 "배경·문제 정의" 자동 생성

좋은 제안서는 반드시 다음을 명확히 합니다.

- 왜 이 제안이 필요한가?
- 어떤 문제가 발생했는가?
- 최근 트렌드는 무엇인가?

● 실전 AI 지시문

> 우리 업종(또는 사업)의 상황을 고려해,
>
> 이번 제안서의 '문제 정의' 섹션을 300자 정도로 정리해줘.
>
> 시장 변화, 고객 트렌드, 경쟁 상황을 포함해서 작성해줘.
>
> 말투는 전문적이고 간결하게.

이렇게 하면 상황 설명–문제–근거가 깔끔하게 1차 정리됩니다. 사장님은 여기서 자신의 경험을 조금만 더 얹으면 완성형이 됩니다.

STEP 2 "목표·성과지표(KPI)" 자동 생성

목표는 제안서 핵심입니다. 좋은 목표는 측정 가능하고, 달성 가능하고, 기한이 명확하며, KPI로 연결됩니다.

● 실전 AI 지시문

> 이 제안서의 목적과 성과지표(KPI)를 작성해줘.
>
> 정량지표 5개, 정성지표 3개로 구분해서 표로 정리해줘.
>
> 각 지표는 목표값과 측정 방법도 포함해줘.

제안서의 핵심은 "우리가 어떻게 문제를 해결할 것인가"입니다.

● 실전 AI 지시문

다음 문제를 해결하기 위한 솔루션 3가지를 제안해줘.

문제: [문제 내용]

각 솔루션은 다음 형식으로 정리해줘.

- 솔루션 이름

- 핵심 내용 (200자)

- 경쟁사 대비 차별점

- 예상 효과

실행 계획이 없는 제안서는 신뢰를 얻기 어렵습니다.

● 실전 AI 지시문

이 프로젝트의 3개월 실행 계획을 만들어줘.

1개월차, 2개월차, 3개월차로 나눠서

각 달에 해야 할 핵심 활동 3가지와 담당자, 예상 결과를 표로 정리해줘.

STEP 5 · "기대 효과·ROI" 자동 생성

투자자나 의사결정자는 "이게 얼마나 효과가 있을까?"를 가장 궁금해합니다.

● 실전 AI 지시문

이 프로젝트의 기대 효과를 정리해줘.

단기(3개월), 중기(6개월), 장기(1년) 효과로 나눠서

정량적 효과(수치)와 정성적 효과(품질 변화)를 모두 포함해줘.

STEP 6 · "요약 페이지(Executive Summary)" 자동 생성

제안서 맨 앞에 들어가는 1페이지 요약은 가장 중요한 부분입니다.

● 실전 AI 지시문

이 제안서의 핵심 내용을 1페이지 요약(Executive Summary)으로 만들어줘.

다음 내용을 포함해줘.

- 핵심 문제 (2줄)

- 우리의 솔루션 (3줄)

- 기대 효과 (3가지)

- 요청 사항 (예산, 기간, 협력 내용)

총 300자 이내로 간결하게.

● 완성형 제안서 구조 템플릿

이 템플릿은 단순히 목차를 나열한 형식이 아니라, 상대를 설득하기 위한 흐름 순서입니다. 따라서 작성할 때는 모든 항목을 길게 쓰기보다, 각 섹션마다 "핵심 메시지 1개 + 근거 2~3개 + 기대 효과 1개" 방식으로 정리하면 훨씬 읽기 쉽고 설득력이 높아집니다. 특히 Executive Summary와 기대 효과, 예산 계획은 의사결정자가 가장 먼저 보는 구간이므로 간결하고 분명하게 작성하는 것이 중요합니다. 다음 구조를 기본 틀로 활용하세요.

1. Executive Summary (요약) – 1페이지

2. 배경 및 문제 정의 – 1~2페이지

3. 목표 및 KPI – 1페이지

4. 솔루션 및 차별화 전략 – 2~3페이지

5. 실행 계획 및 타임라인 – 1~2페이지

6. 팀 소개 및 역량 – 1페이지

7. 기대 효과 및 ROI – 1페이지

8. 예산 계획 – 1페이지

9. 맺음말 및 요청 사항 – 1페이지

실무 예시 소상공인 AI 교육 제안서

이 예시의 핵심은 단순히 제안서 문장을 만드는 것이 아니라, 협회 담당자가 궁금해하는 항목을 한 번에 정리해 신뢰를 주는 데 있습니다. 특히 교육 필요성, 대상별 기대 효과, 구체적인 커리큘럼, 비용과 일정이 명확하게 제시되면 제안서는 훨씬 빠르게 검토되고 결정되기 쉽습니다. AI는 이 구조를 빠르게 정리해주고, 사람은 지역 특성과 실제 강의 경험을 더해 제안서의 설득력을 높이면 됩니다.

상황: 강사가 지역 소상공인 협회에 AI 교육 프로그램을 제안해야 합니다.

 ### 복붙 프롬프트

□×

[로] 너는 소상공인 AI 교육 전문 강사야.

[고] 지역 소상공인 협회에 제출할 'AI 활용 교육 프로그램' 제안서를
      만드는 것이 목표야.

[타]

1) 교육 필요성 (현황 + 문제점)

2) 교육 프로그램 개요 (대상/시간/내용)

3) 세부 커리큘럼 (4주 과정)

4) 기대 효과 (수강생 변화)

5) 강사 소개 및 강점

6) 비용 및 일정

[루]

– A4 3페이지 분량

– 표 형식으로 커리큘럼 정리

– 구체적인 수치 포함 (예: 업무 시간 30% 절감)

[톤] 협회 담당자가 바로 결재할 수 있는 신뢰감 있는 제안서 톤으로 작성해줘.

● 초보자 실수

• 실수 1: 제안서를 너무 길게 만든다

처음 제안서는 A4 5페이지 이내가 좋습니다.

핵심만 담고 나머지는 첨부 자료로 넣으세요.

• 실수 2: 숫자 없이 효과를 주장한다

"효과가 크다" 대신 "업무 시간 30% 절감, 콘텐츠 생산량 3배 증가"처럼 구체적인 수치를 넣으세요.

• 실수 3: 상대방 관점을 빠뜨린다

제안서는 "내가 하고 싶은 것"이 아니라 "상대방이 얻는 것"을 중심으로 써야 합니다.

제안서에서 가장 중요한 것은 "많이 쓰는 것"이 아니라 "빠르게 이해되고 바로 결정되게 쓰는 것"입니다. 그래서 첫 문단에서 상대가 얻는 효과를 분명히 보여주고, 본문에서는 근거와 실행 계획을 짧고 명확하게 정리해야 합니다. 결국 좋은 제안서는 설명이 많은 문서가 아니라, 상대가 읽자마자 필요성과 실행 가능성을 동시에 느끼게 하는 문서입니다.

9장 사장님이 제일 힘들어하는 '보고서' 자동화

핵심 메시지: "보고서는 쓰는 게 아니라 '생성'하는 것이다"

> **TIP**
>
> ※ 로고타루톤 프롬프트 끝에 다음 문장을 추가하면, 더 체계적이고 실질적인 답변을 얻는 데 도움이 됩니다.
>
> **"이건 정말 나한테 매우 중요한 거야. 심호흡하고 차분하게 단계별로 전문가스럽게 알려줘. 반드시 실질적으로 도움이 되게끔 해줘야 해."** ▶ 5강 44페이지 [핵심비법] 로고타루톤을 완성하는 마법의 주문을 참고해주세요!

【 이 장을 읽으면 얻는 것 】

- 주간·월간 보고서를 자동으로 만드는 방법을 배웁니다
- 매출 분석, 고객 분석 보고서를 AI로 생성합니다
- 보고서 작성 시간을 90% 줄일 수 있습니다

 보고서가 힘든 이유

보고서는 사장님과 실무자 모두에게 부담스러운 업무입니다.

- **사장님 입장:** "보고서 쓸 시간에 영업을 하나 더 하는 게 낫다"
- **실무자 입장:** "매주 같은 형식으로 쓰는데 왜 이렇게 시간이 걸리지?"

AI는 이 문제를 완벽하게 해결합니다. **형식이 정해진 보고서일수록 AI 효과가 큽니다.**

보고서 자동화의 핵심은 사람의 생각을 빼는 것이 아니라, 반복되는 정리 작업을 줄여 핵심 판단에 더 집중하게 만드는 데 있습니다. 특히 주간·월간 보고처럼 형식이 정해진 문서는 AI가 데이터 요약, 문장 초안, 표 정리를 빠르게 처리할 수 있어 효과가 큽니다. 결국 사람은 숫자의 의미를 해석하고, 현장 상황을 반영하고, 다음 행동을 결정하는 데 집중하면 됩니다.

1 주간 보고서 자동화

주간 보고서는 가장 반복적인 문서입니다. 형식이 같기 때문에 AI가 가장 잘 처리합니다.

주간 보고서 자동화의 핵심은 길게 쓰는 것이 아니라, 이번 주의 핵심 성과와 진행 상황, 문제와 다음 행동을 한눈에 보이게 정리하는 데 있습니다. 특히 AI를 활용하면 흩어진 업무 내용을 빠르게 요약하고, 같은 형식으로 반복 정리할 수 있어 보고서 품질을 일정하게 유지하기 좋습니다. 결국 사람은 내용을 모두 다시 쓰는 대신, 숫자의 의미를 점검하고 우선순위를 조정하는 데 집중하면 됩니다.

 ### 복붙 프롬프트: 주간 보고서

[로] 너는 경영 보고서 전문가야.

[고] 이번 주 업무 내용을 정리한 주간 보고서를 만드는 것이 목표야.

[타]

1) 이번 주 주요 성과 3가지 (각 2~3줄)

2) 진행 중인 업무 현황 (표 형식)

3) 이슈 및 해결 방안

4) 다음 주 계획 (우선순위 3가지)

[루]

– A4 1페이지 이내

– 수치 포함 (매출, 고객 수, 처리 건수 등)

– 표 형식으로 현황 정리

[톤] 명확하고 간결한 비즈니스 보고서 톤으로 작성해줘.

[이번 주 주요 내용을 여기에 붙여넣기]

2 월간 성과 보고서 자동화

월간 보고서는 경영진이나 팀장에게 보고하는 중요한 문서입니다.

월간 성과 보고서의 핵심은 단순히 지난달 결과를 나열하는 것이 아니라, 숫자의 변화가 왜 생겼는지 해석하고 다음 달 행동으로 연결하는 데 있습니다. 특히 AI를 활용하면 전월 대비 변화, 주요 이슈, 개선 방향을 같은 형식으로 빠르게 정리할 수 있어 보고서의 일관성과 속도가 크게 높아집니다. 결국 사람은 데이터를 다시 입력하는 대신, 원인을 판단하고 우선순위를 정해 실행 방향을 결정하는 데 집중하면 됩니다.

 **복붙 프롬프트: 월간 보고서**

□✕

[로] 너는 경영 분석 전문가야.

[고] 이번 달 성과를 정리한 월간 보고서를 만드는 것이 목표야.

[타]

1) 이번 달 핵심 성과 요약 (3줄)

2) 전월 대비 주요 지표 변화 (표)

3) 목표 달성률 분석

4) 주요 이슈 및 원인 분석 (3가지)

5) 다음 달 개선 방향 (3가지)

[루]

– 수치는 반드시 포함

– 전문 용어는 괄호로 쉽게 설명

– A4 2페이지 분량

[톤] 전문적이지만 읽기 쉬운 비즈니스 보고서 톤으로 작성해줘.

[이번 달 데이터를 여기에 붙여넣기]

3 매출 분석 보고서 자동화

매출 분석 보고서의 핵심은 숫자를 많이 보여주는 것이 아니라, 매출이 왜 늘었고 왜 줄었는지를 읽어내는 데 있습니다. 매출 데이터를 AI에게 붙여 넣으면 분석 보고서가 자동으로 만들어지며 요일별 패턴, 시간대별 흐름, 상품별 편차를 빠르게 정리할 수 있어 사장님이 바로 다음 행동을 결정하기 쉬워집니다. 결국 사람은 표를 다시 만드는 데 시간을 쓰기보다, 어떤 상품을 키우고 어떤 시간을 보완할지 판단하는 데 집중하면 됩니다.

 **복붙 프롬프트: 매출 분석**

[로] 너는 소상공인 매출 분석 전문가야.

[고] 내가 붙여넣는 매출 데이터를 분석한 보고서를 만드는 것이 목표야.

[타]

1) 이번 달 매출 요약 (총액, 일평균, 최고/최저 날)

2) 요일별·시간대별 매출 패턴 분석

3) 상품별 매출 순위 TOP 5

4) 전월 대비 변화 분석

5) 매출 향상을 위한 제안 3가지

[루]

– 표와 그래프 설명 포함

– 숫자는 정확하게

– 실행 가능한 제안만

[톤] 데이터 기반으로 객관적인 분석 톤으로 작성해줘.

[매출 데이터를 여기에 붙여넣기]

▣ 고객 분석 보고서 자동화

고객 분석 보고서의 핵심은 데이터를 많이 모으는 것이 아니라, 고객이 왜 만족하고 왜 이탈하는지를 읽어내는 데 있습니다. 특히 AI를 활용하면 리뷰, 문의, 방문 패턴처럼 흩어진 정보를 한 번에 정리할 수 있어 자주 묻는 질문, 불만 원인, 재방문 포인트를 빠르게 파악할 수 있습니다. 결국 사람은 데이터를 다시 분류하는 데 시간을 쓰기보다, 어떤 부분을 개선하고 어떤 고객 경험을 강화할지 결정하는 데 집중하면 됩니다.

 **복붙 프롬프트: 고객 분석**

□×

[로] 너는 고객 분석 전문가야.

[고] 내가 붙여넣는 고객 데이터를 분석한 보고서를 만드는 것이 목표야.

[타]

1) 고객 유형 분류 (신규/재방문/단골)

2) 주요 고객 연령대·성별 분석

3) 자주 묻는 질문 TOP 5

4) 긍정 피드백 TOP 5

5) 개선 필요 사항 TOP 5

6) 고객 만족도 향상 방안 3가지

[루]

– 표 형식

– 구체적인 수치

– 실행 가능한 개선안

[톤] 고객 중심으로 분석하는 컨설턴트 톤으로 작성해줘.

[고객 데이터/리뷰를 여기에 붙여넣기]

5 SNS 성과 보고서 자동화

SNS 성과 보고서의 핵심은 숫자를 나열하는 것이 아니라, 어떤 콘텐츠가 왜 반응이 좋았는지 읽어내고 다음 전략으로 연결하는 데 있습니다. 특히 AI를 활용하면 채널별 성과, 게시물 반응, 도달률과 참여율을 한 번에 정리할 수 있어 보고 속도와 해석의 일관성이 높아집니다. 결국 사람은 데이터를 다시 모으는 데 시간을 쓰기보다, 어떤 콘텐츠를 늘리고 어떤 채널에 집중할지 결정하는 데 집중하면 됩니다. SNS 마케팅 성과를 정기적으로 보고해야 하는 경우에 활용합니다.

 **복붙 프롬프트: SNS 성과 보고서**

[로] 너는 SNS 마케팅 분석 전문가야.

[고] 이번 달 SNS 마케팅 성과 보고서를 만드는 것이 목표야.

[타]

1) 채널별 팔로워 증감

2) 게시물 성과 TOP 5 (좋아요, 댓글, 공유)

3) 도달률·인게이지먼트율 분석

4) 잘 된 콘텐츠 유형 분석

5) 다음 달 콘텐츠 전략 제안

[루]

– 수치 포함

– 표 형식

– 실행 가능한 전략

[톤] 데이터 기반 마케팅 보고서 톤으로 작성해줘.

[SNS 데이터를 여기에 붙여넣기]

6 보고서 자동화 루틴 만들기

보고서 자동화의 핵심은 **루틴**입니다.

- **매일 (5분)**
  - 오늘 주요 수치 기록 (매출, 고객 수, 주요 이슈)
  - AI로 일일 요약 생성

- **매주 (30분)**
  - 주간 데이터 취합
  - AI로 주간 보고서 생성
  - 검토 및 수정

- **매월 (1시간)**
  - 월간 데이터 취합
  - AI로 월간 보고서 생성
  - 경영진 보고용 슬라이드 생성

보고서 자동화가 오래 가려면 한 번 잘 만드는 것보다, 반복 가능한 루틴으로 굳히는 것이 더 중요합니다. 매일은 기록, 매주는 정리, 매월은 분석과 의사결정 자료로 연결되도록 흐름을 만들면 보고서 작성이 일회성 업무가 아니라 시스템이 됩니다. 결국 사람은 데이터를 모으고 다시 쓰는 데 시간을 쓰기보다, 어떤 변화가 있었고 무엇을 결정해야 하는지 판단하는 데 집중하면 됩니다. 이 루틴이 정착되면 보고서 작성에 쓰던 시간을 **90% 절감**할 수 있습니다.

상황: 학원 원장님이 매달 학부모에게 보내는 교육 성과 보고서를 만들어야 합니다.

복붙 프롬프트

[로] 너는 교육 기관 성과 보고서 전문가야.

[고] 이번 달 학원 교육 성과를 학부모에게 보고하는 보고서를 만드는 것이 목표야.

[타]

1) 이번 달 수업 진행 현황

2) 학생별 성취도 변화 (표)

3) 이번 달 특별 활동 및 이벤트

4) 다음 달 교육 계획

5) 학부모께 드리는 말씀

[루]

– 학부모 눈높이에 맞는 쉬운 말

– 긍정적인 성과 강조

– A4 1페이지

[톤] 따뜻하고 신뢰감 있는 교육 기관 톤으로 작성해줘.

따라 하기 실습

내 업무에 맞는 보고서 템플릿 만들기

- 매주 또는 매달 반복해서 쓰는 보고서 1개를 선택합니다

- 그 보고서의 필수 항목을 5가지 적습니다

- 로고타루톤 형식으로 프롬프트를 만듭니다

- AI로 테스트해서 결과를 확인합니다

- 마음에 드는 결과가 나올 때까지 수정합니다

이 과정을 한 번만 하면 이후에는 데이터만 붙여 넣으면 보고서가 자동으로 완성됩니다.

Part.3 마무리

이 파트에서 우리는 기획서, 제안서, 보고서를 AI로 만드는 실전 방법을 배웠습니다.

핵심은 세 가지입니다.

- 5단계 자동화 프로세스 (아이디어 → 조사 → 구조화 → 초안 → 시각화)
- AI는 초안, 사람은 판단과 완성
- 반복 보고서는 루틴으로 자동화

중요한 것은 AI가 문서를 대신 써주는 것에서 끝나지 않고, 사람이 더 중요한 판단과 전략에 집중할 수 있게 만드는 데 있습니다. 결국 기획서·제안서·보고서 자동화의 목적은 문서 작업 자체를 줄이는 것이 아니라, 더 빠르게 정리하고 더 정확하게 결정하는 구조를 만드는 것입니다. 이 흐름이 자리 잡히면 문서 작성은 부담이 아니라, 실행을 돕는 시스템으로 바뀌게 됩니다.

다음 파트에서는 마케팅, 고객 관리, 홍보, 교육 등 부서별·업무별로 AI를 어떻게 활용하는지 구체적인 시나리오를 배웁니다.

"문서를 만드는 법을 알았다면, 이제 업무 전체를 자동화할 차례입니다"

부서별·업무별 AI 자동화 실전

이 파트의 핵심 메시지

부서 전체를 AI 루틴으로 묶는 시스템

04

이 파트에서는 마케팅, 고객 관리, 홍보, 교육·인사 부서에서 AI를 어떻게 활용하는지 구체적인 시나리오와 프롬프트를 배웁니다.

부서별·업무별 AI 자동화 실전

10장

마케팅 자동화: 콘텐츠·광고·경쟁사 분석

【 이 장을 읽으면 얻는 것 】

- 콘텐츠 기획부터 제작까지 AI로 자동화하는 방법을 배웁니다
- 경쟁사 분석과 프로모션 기획을 AI로 처리합니다
- 마케팅 업무 시간을 70% 이상 줄일 수 있습니다

마케팅에서 AI가 가장 빛나는 이유

마케팅 업무는 반복성이 높고 창의성이 필요한 업무가 공존합니다.

- **반복성 높은 업무:** 게시물 작성, 해시태그 정리, 광고 문구 수정, 보고서 작성
- **창의성 필요 업무:** 캠페인 방향 설정, 브랜드 전략, 핵심 메시지 결정

AI는 반복성 높은 업무를 대신 처리하고, 사람은 창의적 판단에 집중할 수 있게 합니다.

마케팅 자동화의 핵심은 사람을 빼는 것이 아니라, 사람이 더 중요한 기획과 판단에 집중하게 만드는 데 있습니다. 특히 AI를 활용하면 콘텐츠 아이디어 발굴, 문구 초안 작성, 해시태그 정리, 경쟁사 모니터링처럼 반복적이지만 시간이 많이 드는 업무를 빠르게 처리할 수 있습니다. 결국 사람은 브랜드 방향, 핵심 메시지, 최종 선택과 수정에 집중하고, AI는 실행 속도와 생산량을 높이는 역할을 맡게 됩니다.

STEP 1) 월간 콘텐츠 캘린더 자동 생성

[로] 너는 소상공인 SNS 마케팅 전문가야.

[고] [업종] 가게의 이번 달 인스타그램 콘텐츠 캘린더를 만드는 것이 목표야.

[타]

1) 이번 달 주요 기념일·이벤트 파악

2) 주 3회 게시물 주제 선정 (총 12개)

3) 각 게시물: 제목 + 본문 200자 + 해시태그 10개

[루] 과장 표현 금지, 실제 가게 분위기 반영

[톤] 친근하고 따뜻한 동네 가게 느낌으로 작성해줘.

STEP 2) 제품·서비스별 홍보 문구 자동 생성

[로] 너는 카피라이터야.

[고] [제품/서비스명]의 홍보 문구 세트를 만드는 것이 목표야.

[타]

1) 슬로건 5개 (10자 이내)

2) 인스타 캡션 3개 (각 200자)

3) 카카오 채널 공지 문구 2개

4) 문자 메시지 문구 2개 (70자 이내)

[루] 과장 금지, 타깃 고객 공감 언어 사용

[톤] [업종]의 브랜드 느낌에 맞게 작성해줘.

STEP 3) 블로그 포스팅 자동 생성

[로] 너는 SEO 전문 블로그 작가야.

[고] [주제]에 대한 블로그 포스팅을 만드는 것이 목표야.

[타]

1) 제목 5개 제안 (검색 최적화 고려)

2) 목차 구성 (5~7개 소제목)

3) 본문 초안 (1500자)

4) 마무리 CTA (행동 유도 문구)

[루] 키워드 자연스럽게 포함, 전문 용어 최소화, 실용적인 정보 중심

[톤] 전문적이지만 친근한 블로그 톤으로 작성해줘.

프로젝트 2 / 경쟁사 분석 자동화

STEP 1) 경쟁사 현황 분석

[로] 너는 시장 분석 전문가야.

[고] [업종] 분야 경쟁사 분석 보고서를 만드는 것이 목표야.

[타]

1) 주요 경쟁사 3곳 특징 분석

2) 각 경쟁사의 강점·약점 (표)

3) 우리가 차별화할 수 있는 포인트 5가지

4) 시장 기회 요인 3가지

[루] 표 형식, 객관적 분석, 추측은 추측이라고 표시

[톤] 전략 컨설턴트처럼 분석적으로 작성해줘.

STEP 2) 차별화 전략 도출

경쟁사 분석 결과를 바탕으로 차별화 전략을 만듭니다.

위 경쟁사 분석을 바탕으로 우리 가게만의 차별화 전략을 3가지 만들어줘.

각 전략은 다음 형식으로:

– 전략 이름

– 핵심 내용

– 실행 방법

– 기대 효과

프로젝트 3 / 프로모션 기획 자동화

STEP 1) 프로모션 아이디어 발굴

[로] 너는 소상공인 프로모션 기획 전문가야.

[고] 이번 달 매출을 올리기 위한 프로모션 기획안을 만드는 것이 목표야.

[타]

1) 프로모션 아이디어 10개

2) 각 아이디어별 실행 방법 (간단히)

3) 예상 비용 범위

4) 기대 효과

5) 추천 TOP 3 선정 이유

[루] 현실적인 예산 범위 내, 실행 가능한 것만

[톤] 실용적이고 바로 실행할 수 있는 느낌으로 작성해줘.

STEP 2) 선택한 프로모션 상세 기획

> 위에서 선택한 [프로모션 이름]의 상세 기획안을 만들어줘.
> - 기간: [날짜]
> - 대상: [고객 유형]
> - 혜택 내용
> - 홍보 방법 (채널별)
> - 예산 계획
> - 성과 측정 방법

● 마케팅 자동화 주간 루틴

요일	AI 활용 업무	소요 시간
월요일	이번 주 게시물 3개 초안 생성	20분
화요일	전주 성과 분석 보고서 생성	15분
수요일	고객 댓글·리뷰 답변 템플릿 생성	10분
목요일	다음 주 콘텐츠 아이디어 10개 생성	10분
금요일	주간 성과 요약 + 다음 주 계획	15분

총 주당 AI 마케팅 업무: 70분 → 기존 대비 70% 절감

● 초보자 실수

• 실수 1: 모든 채널에 같은 글을 올린다

인스타, 블로그, 카카오는 각각 다른 형식이 필요합니다. AI에게 "인스타용으로 다시 써줘", "블로그용으로 다시 써줘"라고 요청하세요.

• 실수 2: AI 글을 검토 없이 올린다

AI가 만든 글은 반드시 한 번 읽어보고 올리세요. 특히 가격, 날짜, 고유명사는 꼭 확인합니다.

고객 관리·CS 자동화

핵심 메시지: **"고객 응대 시간을 줄이고, 고객 만족도는 높인다."**

TIP

※ 로고타루톤 프롬프트 끝에 다음 문장을 추가하면, 더 체계적이고 실질적인 답변을 얻는 데 도움이 됩니다.

"이건 정말 나한테 매우 중요한 거야. 심호흡하고 차분하게 단계별로 전문가스럽게 알려줘. 반드시 실질적으로 도움이 되게끔 해줘야 해." ▶ 5강 44페이지 [핵심비법] 로고타루톤을 완성하는 마법의 주문을 참고해주세요!

【 이 장을 읽으면 얻는 것 】

- 고객 응대 메시지를 자동화하는 방법을 배웁니다
- 리뷰 관리와 단골 고객 관리를 AI로 처리합니다
- 고객 응대 시간을 하루 1~2시간 절약합니다

 ## 고객 관리에서 AI가 해결하는 문제

소상공인과 1인 기업이 고객 관리에 쓰는 시간은 하루 평균 1~3시간입니다. 이 중 70% 이상이 같은 질문에 대한 반복 답변입니다.

AI는 이 반복 업무를 완전히 자동화합니다.

CS 자동화의 핵심은 고객과의 관계를 줄이는 것이 아니라, 반복 응답에 쓰는 시간을 줄여 더 중요한 응대에 집중하게 만드는 데 있습니다. 특히 자주 묻는 질문, 예약 안내, 운영시간 문의, 리뷰 답변처럼 형식이 반복되는 업무는 AI가 빠르게 처리할 수 있어 응답 속도와 일관성을 높이기에 좋습니다. 결국 사람은 단순 답변보다 불만 조정, 맞춤 응대, 관계 형성처럼 만족도를 높이는 일에 집중하면 됩니다.

프로젝트 1 / FAQ 자동화

STEP 1) 업종별 FAQ 자동 생성

[로] 너는 고객 응대 전문가야.

[고] [업종]에서 자주 받는 질문 20개와 답변을 만드는 것이 목표야.

[타]

1) 질문 유형 5개 분류 (가격/예약/운영/위치/서비스)

2) 각 유형별 질문 4개씩

3) 각 답변 2~4문장

[루] 존댓말, 고객 압박 표현 금지, 날짜·가격은 [ ]로 비워두기

[톤] 정중하고 친절한 CS 톤으로 작성해줘.

STEP 2) 상황별 응대 메시지 생성

다음 상황에 맞는 고객 응대 메시지를 각 3개씩 만들어줘.

1) 예약 확인 메시지

2) 예약 취소 안내 메시지

3) 주문 완료 안내 메시지

4) 배송 지연 사과 메시지

5) 환불 처리 안내 메시지

각 메시지는 3~4문장, 존댓말, 친절하게.

STEP 1) 리뷰 답글 템플릿 생성

[로] 너는 리뷰 응대 전문가야.

[고] 긍정/중립/부정 리뷰에 대응할 답글 템플릿을 만드는 것이 목표야.

[타]

1) 칭찬 리뷰 답글 5개

2) 아쉬움 섞인 리뷰 답글 5개

3) 불만 리뷰 답글 5개 (사과→확인→조치 구조)

[루] 책임 회피 금지, 3~5문장 이내, 존댓말

[톤] 진심이 느껴지는 따뜻한 말투로 작성해줘.

STEP 2) 리뷰 분석 보고서

다음 리뷰들을 분석해서 보고서를 만들어줘.

[리뷰 내용 붙여넣기]

분석 항목:

1) 긍정 키워드 TOP 10

2) 부정 키워드 TOP 5

3) 자주 언급되는 개선 요청 3가지

4) 고객 만족도 향상을 위한 제안 3가지

프로젝트 3 / 단골 고객 관리 자동화

STEP 1) 단골 고객 메시지 세트 생성

[로] 너는 CRM 전문가야.

[고] 단골 고객에게 보낼 메시지 12종 세트를 만드는 것이 목표야.

[타]

1) 감사 메시지 3개

2) 재방문 유도 메시지 3개

3) 기념일/생일 메시지 3개

4) 시즌·신메뉴 안내 메시지 3개

[루] 영업 티 최소화, 존댓말, 이모지 1~2개만

[톤] 진심이 느껴지는 따뜻한 말투로 작성해줘.

STEP 2) 고객 등급별 혜택 설계

우리 가게 단골 고객 관리 프로그램을 설계해줘.

고객 등급: 일반/단골/VIP

각 등급별:

– 기준 (방문 횟수, 구매 금액)

– 혜택 내용

– 소통 방식

표 형식으로 정리해줘.

● 고객 응대 자동화 루틴

• 매일 (10분)

- 신규 리뷰 확인 → AI 답글 생성 → 복붙
- 문의 메시지 확인 → AI 답변 생성 → 복붙

• 매주 (30분)

- 리뷰 분석 보고서 생성
- 단골 고객 메시지 발송 (AI 생성 후 발송)

• 매월 (1시간)

- 고객 만족도 분석 보고서
- 다음 달 고객 관리 계획 수립

고객 응대 자동화는 한 번에 완성되는 기능이 아니라, 매일·매주·매월 반복되는 루틴으로 굳어질 때 가장 큰 효과가 납니다. 매일은 빠른 답변과 리뷰 대응, 매주는 고객 반응 정리와 재방문 유도, 매월은 만족도 분석과 다음 계획 수립으로 연결하면 고객 관리가 훨씬 체계적이 됩니다. 결국 중요한 것은 많이 응답하는 것이 아니라, 같은 시간을 써도 더 빠르고 일관되게 응대하는 시스템을 만드는 것입니다.

12장 홍보·보도자료·행사 자동화

핵심 메시지: **"PR은 더 이상 대기업만의 전유물이 아니다"**

> **TIP**
>
> ※ 로고타루톤 프롬프트 끝에 다음 문장을 추가하면, 더 체계적이고 실질적인 답변을 얻는 데 도움이 됩니다.
>
> **"이건 정말 나한테 매우 중요한 거야. 심호흡하고 차분하게 단계별로 전문가스럽게 알려줘. 반드시 실질적으로 도움이 되게끔 해줘야 해."** ▶ 5강 44페이지 [핵심비법] 로고타루톤을 완성하는 마법의 주문을 참고해주세요!

【 이 장을 읽으면 얻는 것 】

- 보도자료를 AI로 빠르게 작성하는 방법을 배웁니다
- 행사 기획과 브리핑 자료를 자동화합니다
- 언론 홍보를 소상공인도 할 수 있게 됩니다

홍보가 어려운 이유와 AI 해결책

많은 소상공인과 중소기업이 홍보를 포기하는 이유는 "어떻게 해야 할지 모르기 때문"입니다. 보도자료 형식, 언론 배포 방법, 행사 기획 등이 낯설게 느껴집니다.

AI는 이 장벽을 없애줍니다. 핵심 내용만 알려주면 형식에 맞는 홍보 문서를 자동으로 만들어 줍니다.

홍보 자동화의 핵심은 문장을 대신 쓰는 것보다, 전달해야 할 내용을 기사형 구조와 홍보용 메시지로 빠르게 바꾸는 데 있습니다. 특히 AI를 활용하면 보도자료 초안, 행사 안내문, 브리핑 자료처럼 형식이 있는 문서를 짧은 시간 안에 정리할 수 있어 홍보의 진입장벽이 크게 낮아집니다. 결국 사람은 사실 확인과 핵심 메시지 결정에 집중하고, AI는 문서화와 구조화를 맡는 역할을 하게 됩니다.

STEP 1) 보도자료 초안 생성

[로] 너는 PR 전문가야.

[고] [사업/행사/제품]에 대한 보도자료를 만드는 것이 목표야.

[타]

1) 제목 3개 제안

2) 리드 문단 (핵심 요약 3~4줄)

3) 본문 (배경→내용→특징 순서)

4) 인용문 2개

5) 회사 소개 1문단

[루] 과장 표현 금지, 객관적 사실 중심, 언론 배포 가능 수준

[톤] 공손하고 전문적인 언론 보도 스타일로 작성해줘.

STEP 2) 보도자료 배포 이메일 작성

위 보도자료를 언론사에 보낼 이메일을 작성해줘.

– 제목: 클릭하고 싶은 이메일 제목

– 본문: 보도자료 소개 + 첨부 안내

– 연락처 정보

200자 이내, 간결하게.

프로젝트 2   **행사 기획 자동화**

STEP 1) 행사 기획서 자동 생성

[로] 너는 행사 기획 전문가야.

[고] [행사명] 행사 기획서를 만드는 것이 목표야.

[타]

1) 행사 개요 (목적/대상/일시/장소)

2) 세부 프로그램 (시간대별)

3) 필요 준비물 및 예산

4) 홍보 계획

5) 기대 효과

[루] 표 형식, 실행 가능한 계획, 예산 현실적으로

[톤] 행사 담당자가 바로 실행할 수 있는 실용적인 톤으로 작성해줘.

STEP 2) 행사 홍보 문구 자동 생성

[행사명] 행사 홍보를 위한 문구 세트를 만들어줘.

1) 포스터 문구 (제목 + 핵심 정보)

2) SNS 홍보 글 3개 (각 채널별)

3) 문자 메시지 홍보 문구 (70자 이내)

4) 이메일 제목 5개

브랜드 스토리 자동 생성의 핵심은 멋있게 꾸미는 것이 아니라, 왜 이 브랜드가 시작됐고 고객에게 어떤 가치를 주는지를 분명하게 전달하는 데 있습니다. 특히 창업 배경, 핵심 가치, 고객 약속이 자연스럽게 이어지면 브랜드에 대한 신뢰와 공감이 훨씬 높아집니다. 결국 사람은 실제 경험과 진정성을 넣고, AI는 그 내용을 읽기 좋고 설득력 있는 스토리 구조로 정리하는 역할을 맡게 됩니다.

STEP 1) 브랜드 스토리 자동 생성

[로] 너는 브랜드 스토리텔링 전문가야.

[고] 우리 [업종] 브랜드의 스토리를 만드는 것이 목표야.

[타]

1) 창업 배경 스토리 (300자)

2) 브랜드 핵심 가치 3가지

3) 고객에게 전달하는 약속

4) 브랜드 슬로건 5개

[루] 진정성 있게, 과장 금지, 고객 공감 포인트 포함

[톤] 따뜻하고 진심이 느껴지는 브랜드 스토리 톤으로 작성해줘.

교육·인사(HRD) 자동화

13장

핵심 메시지: "교육 기획에서 평가까지, AI가 절반을 담당한다"

TIP

※ 로고타루톤 프롬프트 끝에 다음 문장을 추가하면, 더 체계적이고 실질적인 답변을 얻는 데 도움이 됩니다.

"이건 정말 나한테 매우 중요한 거야. 심호흡하고 차분하게 단계별로 전문가스럽게 알려줘. 반드시 실질적으로 도움이 되게끔 해줘야 해." ▶ 5강 44페이지 [핵심비법] 로고타루톤을 완성하는 마법의 주문을 참고해주세요!

【 이 장을 읽으면 얻는 것 】

- 교육 커리큘럼을 AI로 빠르게 설계하는 방법을 배웁니다
- 직원 교육 자료와 평가 도구를 자동화합니다
- 인사 관련 문서를 AI로 처리합니다

 HRD에서 AI가 가장 효과적인 이유

교육·인사 업무는 반복 패턴이 많습니다.

- 교육 기획서 → 매번 비슷한 구조
- 교육 자료 → 비슷한 형식
- 평가 도구 → 반복 패턴
- 인사 문서 → 정해진 양식

HRD 자동화의 핵심은 담당자의 역할을 줄이는 것이 아니라, 반복 문서 작업을 줄여 교육의 완성도와 현장 적합성을 높이는 데 있습니다. 특히 AI를 활용하면 교육안, 평가 문항, 안내문, 인사 문서를 빠르게 정리할 수 있어 준비 시간은 줄이고 일관성은 높일 수 있습니다. 결국 사람은 형식을 맞추는 데 시간을 쓰기보다, 교육 목표와 학습 효과, 실제 현장 적용성에 더 집중할 수 있게 됩니다.

STEP 1) 연간 교육 계획 자동 생성

[로] 너는 HRD 교육과정 기획 전문가야.

[고] [회사명/업종]의 연간 교육 계획을 만드는 것이 목표야.

[타]

1) 교육 필요 분석 (직급별·직무별)

2) 분기별 교육 주제 선정

3) 각 교육별 목표·대상·시간·방법

4) 연간 교육 예산 배분 (%)

[루] 표 형식, 실행 가능한 계획, 현실적인 예산

[톤] 교육 담당자가 바로 실행할 수 있는 실용적인 톤으로 작성해줘.

STEP 2) 단위 교육 기획서 자동 생성

[로] 너는 교육과정 설계 전문가야.

[고] [교육 주제] 교육 기획서를 만드는 것이 목표야.

[타]

1) 교육 목적 및 기대 효과

2) 교육 대상 및 사전 조건

3) 세부 커리큘럼 (시간대별)

4) 실습 활동 3가지

5) 평가 방법

[루] 표 형식, 이론 40% 실습 60%, 초보자 기준

[톤] 교육 담당자가 바로 실행할 수 있는 실용적인 톤으로 작성해줘.

프로젝트 2 / **직원 교육 자료 자동화**

STEP 1) 교육 자료 초안 생성

[로] 너는 직원 교육 자료 전문가야.

[고] [교육 주제]에 대한 직원 교육 자료를 만드는 것이 목표야.

[타]

1) 핵심 내용 5가지 (각 설명 + 예시)

2) 실습 문제 3개

3) 체크리스트 10개

4) 요약 정리 (1페이지)

[루] 쉬운 말, 예시 중심, 현장 적용 가능

[톤] 친근하고 이해하기 쉬운 교육 자료 톤으로 작성해줘.

STEP 2) 신입 직원 온보딩 자료 생성

[로] 너는 신입 직원 교육 전문가야.

[고] 신입 직원이 첫 주에 알아야 할 온보딩 자료를 만드는 것이 목표야.

[타]

1) 회사 소개 (미션·비전·핵심 가치)

2) 첫 주 일정표

3) 알아야 할 규칙 10가지

4) 자주 묻는 질문 10개

5) 담당자 연락처 목록

[루] 신입 눈높이, 쉬운 말, 표 형식

[톤] 따뜻하게 환영하는 느낌으로 작성해줘.

STEP 1) 직무 기술서 자동 생성

[로] 너는 HR 전문가야.

[고] [직무명]의 직무 기술서를 만드는 것이 목표야.

[타]

1) 직무 개요

2) 주요 업무 10가지

3) 필요 역량 및 자격

4) 성과 평가 기준

[루] 표 형식, 구체적인 행동 기술, 측정 가능한 기준

[톤] 전문적인 HR 문서 톤으로 작성해줘.

STEP 2) 성과 평가 기준 자동 생성

[로] 너는 성과 관리 전문가야.

[고] [직무명] 직원의 성과 평가 기준을 만드는 것이 목표야.

[타]

1) 평가 항목 5가지

2) 각 항목별 평가 기준 (S/A/B/C 등급)

3) 평가 방법 (자기평가/상사평가/동료평가)

4) 평가 일정

[루] 표 형식, 측정 가능한 기준, 공정하고 명확하게

[톤] 공정하고 전문적인 HR 평가 문서 톤으로 작성해줘.

● HRD 자동화 루틴

• 월별 루틴

- 교육 계획 수립: AI로 초안 생성 → 담당자 검토 → 확정
- 교육 자료 제작: AI로 초안 생성 → 현장 경험 반영 → 완성
- 교육 후 평가: AI로 설문지 생성 → 결과 분석 보고서 생성

• 분기별 루틴

- 역량 진단: AI로 진단 도구 생성 → 결과 분석
- 교육 효과 측정: AI로 비교 분석 보고서 생성
- 다음 분기 계획: AI로 개선안 도출

Part.4 마무리

이 파트에서 우리는 마케팅, 고객 관리, 홍보, 교육·인사 부서에서 AI를 어떻게 활용하는지 배웠습니다.

핵심은 세 가지입니다.

- 반복 업무는 AI 루틴으로 자동화
- 사람은 판단과 경험을 담당
- 부서 전체가 함께 쓰는 프롬프트 라이브러리 구축

다음 파트에서는 업종별로 더 구체적인 AI 자동화 사례를 배웁니다. 카페, 쇼핑몰, 미용실, 학원, 식자재 유통 등 내 업종에 맞는 자동화 방법을 찾아보세요.

"부서별 자동화를 알았다면, 이제 내 업종에 맞게 적용할 차례입니다"

업종별 AI 자동화 실전 프로젝트

이 파트의 핵심 메시지

업종마다 고유한 '반복'을 AI로 제거한다

05

이 파트에서는 카페·음식점, 온라인 쇼핑몰, 미용실·공방, 학원·교육, 식자재 유통, 프리랜서·컨설턴트, B2B 컨설팅 업종별로 AI 자동화 방법을 구체적으로 배웁니다.

업종별 AI 자동화 실전 프로젝트

14장

카페·음식점 자동화

【 이 장을 읽으면 얻는 것 】

- 카페·음식점에서 AI를 활용하는 구체적인 방법을 배웁니다
- 메뉴 개발, 홍보, 고객 관리를 자동화합니다
- 매출 분석과 재고 관리를 AI로 처리합니다

카페·음식점의 대표적인 반복 업무

카페·음식점 사장님들이 매일 반복하는 업무 중 AI로 자동화할 수 있는 것들입니다.

업무	현재 소요 시간	AI 활용 후	절감 시간
인스타 게시물 작성	30분/개	5분/개	83%
고객 리뷰 답변	20분/일	5분/일	75%
메뉴 소개 문구	2시간/메뉴	10분/메뉴	92%
이벤트 기획	3시간/회	30분/회	83%
매출 분석	2시간/월	20분/월	83%

카페·음식점 자동화의 핵심은 사장님의 손맛과 운영 감각은 그대로 두고, 반복되는 홍보·응대·정리 업무만 빠르게 줄이는 데 있습니다. 특히 AI를 활용하면 메뉴 소개 문구, 리뷰 답변, 이벤트 기획, 매출 요약처럼 시간이 많이 들지만 형식이 반복되는 업무를 효율적으로 처리할 수 있습니다. 결국 사람은 음식의 품질과 고객 경험에 더 집중하고, AI는 마케팅과 관리의 속도를 높이는 역할을 맡게 됩니다.

STEP 1) 신메뉴 홍보 문구 자동 생성

[로] 너는 카페·음식점 전문 SNS 마케터야.

[고] 신메뉴 [메뉴명]의 홍보 콘텐츠를 만드는 것이 목표야.

[타]

1) 인스타 게시물 3개 (각 200자, 다른 톤으로)

2) 메뉴 설명 문구 (카운터·메뉴판용, 100자)

3) 카카오 채널 공지 문구

4) 해시태그 세트 (10개)

[루] 식욕 자극하는 표현, 재료·특징 강조, 과장 금지

[톤] 감성적이고 맛있어 보이는 느낌으로 작성해줘.

STEP 2) 시즌별 메뉴 기획

[로] 너는 카페 메뉴 기획 전문가야.

[고] 이번 [계절] 시즌 메뉴 아이디어를 만드는 것이 목표야.

[타]

1) 시즌 트렌드 분석

2) 신메뉴 아이디어 10개

3) 각 메뉴별 재료·특징·예상 가격

4) 추천 TOP 3 선정 이유

[루] 현실적인 재료 사용, 원가 고려, 실제 만들 수 있는 것

[톤] 실용적이고 창의적인 메뉴 기획 톤으로 작성해줘.

프로젝트 2 / 고객 관리 자동화

STEP 1) 단골 고객 관리 메시지

카페 단골 고객에게 보낼 메시지 세트를 만들어줘.

1) 첫 방문 감사 메시지

2) 10회 방문 축하 메시지

3) 생일 축하 메시지 (할인 쿠폰 포함)

4) 오랫동안 안 오신 고객 메시지

5) 신메뉴 출시 안내 메시지

각 메시지는 3~4문장, 따뜻하고 진심 있게.

STEP 2) 리뷰 답글 자동화

다음 카페 리뷰에 맞는 답글을 만들어줘.

[리뷰 내용 붙여넣기]

답글 조건:

- 3~4문장

- 진심이 느껴지게

- 재방문 유도

- 존댓말

STEP 1) 일일 매출 요약

□×

다음 오늘 매출 데이터를 분석해줘.

[데이터 붙여넣기]

분석 항목:

1) 오늘 총 매출

2) 시간대별 매출 패턴

3) 인기 메뉴 TOP 5

4) 어제 대비 변화

5) 내일 준비 사항 제안

STEP 2) 주간 재고 관리

□×

다음 재고 현황을 분석해서 이번 주 발주 계획을 만들어줘.

[재고 데이터 붙여넣기]

분석 항목:

1) 부족 재료 목록

2) 과잉 재료 목록

3) 추천 발주량

4) 예상 비용

● 카페·음식점 AI 일일 루틴

• 아침 (5분)

- 오늘 날씨·기념일 확인 → 오늘의 추천 메뉴·특별 이벤트 문구 생성

• 저녁 (10분)

- 오늘 매출 데이터 입력 → 일일 요약 보고서 생성
- 오늘 리뷰 확인 → AI 답글 생성 → 복붙

• 주 1회 (30분)

- 이번 주 인스타 게시물 3개 생성
- 재고 현황 분석 → 발주 계획 수립

● 현업 적용 팁

- **팁 1:** 인스타 게시물은 한 번에 1주치를 만들어 예약 발행하세요. 매일 만드는 것보다 훨씬 효율적입니다.

- **팁 2:** 리뷰 답글은 AI가 만든 것을 그대로 쓰지 말고, 사장님만 아는 디테일(예: "지난번에 오셨을 때 말씀하신 그 자리")을 한 줄 추가하면 훨씬 진심이 느껴집니다.

- **팁 3:** 매출 데이터는 엑셀이나 포스 시스템에서 복사해서 AI에게 붙여 넣으면 됩니다. 분석 보고서가 자동으로 나옵니다.

15장

온라인 쇼핑몰 자동화

핵심 메시지:
"상품 등록부터 CS까지, 쇼핑몰 운영의 80%를 AI로 자동화한다."

【 이 장을 읽으면 얻는 것 】

- 상품 설명, 광고 문구, 상세 페이지를 AI로 만드는 방법을 배웁니다
- 고객 응대와 리뷰 관리를 자동화합니다
- 재고 관리와 매출 분석을 AI로 처리합니다

온라인 쇼핑몰의 대표적인 반복 업무

카페·음식점 사장님들이 매일 반복하는 업무 중 AI로 자동화할 수 있는 것들입니다.

업무	현재 소요 시간	AI 활용 후	절감 시간
상품 설명 작성	1시간/상품	10분/상품	83%
광고 문구 작성	2시간/캠페인	20분/캠페인	83%
고객 문의 답변	2시간/일	30분/일	75%
리뷰 답글	1시간/일	10분/일	83%
매출 분석 보고서	3시간/월	30분/월	83%

온라인 쇼핑몰 자동화의 핵심은 판매자가 상품 기획과 운영 판단에 집중하고, 반복되는 등록·문의·리뷰·분석 업무는 AI가 처리하게 만드는 데 있습니다. 특히 상품 설명, 광고 문구, 고객 문의 답변, 리뷰 관리처럼 형식이 반복되는 업무는 AI 효과가 매우 큽니다. 결국 사람은 어떤 상품을 더 키울지, 어떤 고객 반응에 대응할지 결정하고, AI는 운영 속도와 일관성을 높이는 역할을 맡게 됩니다.

프로젝트 1 / 상품 콘텐츠 자동화

STEP 1) 상품 설명 자동 생성

[로] 너는 이커머스 상품 기획 전문가야.

[고] [상품명]의 상품 설명 페이지를 만드는 것이 목표야.

[타]

1) 상품 헤드라인 5개 (30자 이내)

2) 상품 특징 5가지 (각 50자)

3) 상세 설명 (500자)

4) 구매 이유 3가지

5) 주의사항 및 배송 안내

[루] 구매 욕구 자극, 과장 금지, 실제 특징 강조

[톤] 신뢰감 있고 구매를 유도하는 쇼핑몰 상품 설명 톤으로 작성해줘.

STEP 2) 광고 문구 자동 생성

[로] 너는 디지털 광고 전문가야.

[고] [상품명] 광고 문구를 만드는 것이 목표야.

[타]

1) 네이버 쇼핑 광고 제목 10개 (15자 이내)

2) 인스타 광고 문구 5개 (각 100자)

3) 카카오 광고 문구 5개 (각 50자)

[루] 클릭 유도, 핵심 혜택 강조, 과장 금지

[톤] 구매 욕구를 자극하는 광고 카피 톤으로 작성해줘.

STEP 1) 쇼핑몰 FAQ 자동 생성

온라인 쇼핑몰에서 자주 받는 질문 20개와 답변을 만들어줘.

질문 유형: 배송/교환·반품/결제/상품 문의/회원

각 답변은 2~3문장, 존댓말, 명확하게.

표 형식으로 정리해줘.

STEP 2) 상황별 CS 메시지 자동 생성

다음 상황에 맞는 CS 메시지를 각 3개씩 만들어줘.

1) 주문 확인 메시지

2) 배송 시작 안내

3) 배송 지연 사과

4) 교환·반품 접수 확인

5) 환불 완료 안내

각 메시지는 3~4문장, 존댓말, 친절하게.

프로젝트 3 / 매출·재고 분석 자동화

STEP 1) 월간 매출 분석 보고서

다음 이번 달 쇼핑몰 매출 데이터를 분석해줘.

[데이터 붙여넣기]

분석 항목:

1) 총 매출 및 주문 건수

2) 상품별 매출 순위 TOP 10

3) 채널별 매출 비중

4) 전월 대비 변화

5) 다음 달 전략 제안 3가지

STEP 2) 재고 최적화 분석

다음 재고 데이터를 분석해서 최적화 방안을 제안해줘.

[재고 데이터 붙여넣기]

분석 항목:

1) 과잉 재고 상품 (처리 방안 포함)

2) 부족 재고 상품 (발주 추천량)

3) 인기 상품 vs 비인기 상품 분류

4) 재고 최적화 전략 3가지

16장 — 미용실·네일·공방 자동화

핵심 메시지: "기술은 사람이, 홍보·관리는 AI가 담당한다."

TIP

※ 로고타루톤 프롬프트 끝에 다음 문장을 추가하면, 더 체계적이고 실질적인 답변을 얻는 데 도움이 됩니다.

"이건 정말 나한테 매우 중요한 거야. 심호흡하고 차분하게 단계별로 전문가스럽게 알려줘. 반드시 실질적으로 도움이 되게끔 해줘야 해." ▶ **5강 44페이지** [핵심비법] 로고타루톤을 완성하는 마법의 주문을 참고해주세요!

【 이 장을 읽으면 얻는 것 】

- 미용실·네일·공방에서 AI를 활용하는 방법을 배웁니다
- 예약 관리, 고객 관리, SNS 마케팅을 자동화합니다
- 포트폴리오 콘텐츠를 AI로 빠르게 만들 수 있습니다

프로젝트 1 / SNS 마케팅 자동화

STEP 1) 포트폴리오 게시물 문구 자동 생성

□×

[로] 너는 뷰티 업종 SNS 마케터야.

[고] 미용실/네일 포트폴리오 게시물 문구를 만드는 것이 목표야.

[타]

1) 인스타 캡션 5개 (각 200자, 다른 스타일)

2) 해시태그 세트 (각 15개)

3) 스토리용 짧은 문구 5개 (30자 이내)

[루] 감성적인 표현, 기술 특징 강조, 예약 유도

[톤] 세련되고 감성적인 뷰티 계정 느낌으로 작성해줘.

STEP 2) 월간 콘텐츠 캘린더

미용실/네일 샵의 이번 달 인스타그램 콘텐츠 캘린더를 만들어줘.

– 주 4회 게시 (총 16개)

– 포트폴리오 8개, 이벤트 4개, 팁 콘텐츠 4개

각 게시물: 주제 + 캡션 200자 + 해시태그 10개

프로젝트 2 / 예약·고객 관리 자동화

STEP 1) 예약 안내 메시지 세트

미용실/네일 샵 예약 관련 메시지 세트를 만들어줘.

1) 예약 확인 메시지

2) 예약 하루 전 리마인더

3) 노쇼 방지 메시지

4) 시술 완료 후 감사 메시지

5) 재예약 유도 메시지

각 메시지는 3~4문장, 친근하고 따뜻하게.

STEP 2) 단골 고객 관리 메시지

미용실/네일 단골 고객 관리 메시지 세트를 만들어줘.

1) 생일 축하 + 할인 혜택 메시지

2) 오랫동안 안 오신 고객 메시지

3) 신규 서비스 안내 메시지

4) 시즌 이벤트 안내 메시지

각 메시지는 3~4문장, 개인적이고 따뜻하게.

프로젝트 3 / 서비스 기획 자동화

STEP 1) 시즌 이벤트 기획

시즌 이벤트 기획 자동화의 핵심은 아이디어를 많이 내는 것보다, 실제 매장 상황에 맞고 바로 실행할 수 있는 안을 빠르게 고르는 데 있습니다. 특히 AI를 활용하면 계절 이슈, 고객 선호, 혜택 구성, 홍보 방법까지 한 번에 정리할 수 있어 사장님이 기획 시간을 크게 줄일 수 있습니다. 결국 사람은 우리 매장에 맞는 이벤트를 선택하고, AI는 다양한 안을 구조화해 비교하기 쉽게 만드는 역할을 맡게 됩니다.

[계절] 시즌 미용실/네일 이벤트 기획안을 만들어줘.

1) 이벤트 아이디어 5개

2) 각 이벤트별 내용·기간·혜택

3) 홍보 방법

4) 예상 효과

추천 TOP 2 선정 이유도 포함해줘

17장 학원·교육 기관 자동화

핵심 메시지:
"교육 준비 시간을 줄이고, 학생과의 시간을 늘린다."

TIP

※ 로고타루톤 프롬프트 끝에 다음 문장을 추가하면, 더 체계적이고 실질적인 답변을 얻는 데 도움이 됩니다.

"이건 정말 나한테 매우 중요한 거야. 심호흡하고 차분하게 단계별로 전문가스럽게 알려줘. 반드시 실질적으로 도움이 되게끔 해줘야 해." ▶ **5강 44페이지** [핵심비법] 로고타루톤을 완성하는 마법의 주문을 참고해주세요!

【 이 장을 읽으면 얻는 것 】

- 학원 운영에서 AI를 활용하는 방법을 배웁니다
- 교육 자료, 학부모 소통, 마케팅을 자동화합니다
- 수업 준비 시간을 50% 이상 줄일 수 있습니다

프로젝트 1 / 교육 자료 자동화

STEP 1) 수업 계획서 자동 생성

[로] 너는 교육 전문가야.

[고] [과목/주제] 수업 계획서를 만드는 것이 목표야.

[타]

1) 수업 목표 및 기대 효과

2) 수업 흐름 (도입→전개→정리)

3) 주요 활동 3가지

4) 과제 또는 복습 방법

[루] 학생 수준에 맞게, 실습 중심, 표 형식

[톤] 교사가 바로 실행할 수 있는 실용적인 톤으로 작성해줘.

STEP 2) 시험 문제 자동 생성

[과목/주제]에 대한 시험 문제를 만들어줘.

– 객관식 10문제

– 단답형 5문제

– 서술형 2문제

각 문제는 난이도 표시 (쉬움/보통/어려움)와 정답 포함.

프로젝트 2 / 학부모 소통 자동화

STEP 1) 학부모 안내문 자동 생성

다음 내용으로 학부모에게 보낼 안내문을 만들어줘.

내용: [안내 내용]

조건: 300자 이내, 존댓말, 핵심 정보 명확히, 연락처 포함

STEP 2) 월간 학습 보고서 자동 생성

[학생명]의 이번 달 학습 성과를 학부모에게 보고하는 보고서를 만들어줘.

포함 내용:

1) 이번 달 학습 내용 요약

2) 성취도 변화 (전월 대비)

3) 잘하는 점 3가지

4) 개선 필요 사항 2가지

5) 다음 달 학습 계획

A4 1페이지, 따뜻하고 긍정적인 톤으로.

프로젝트 3 / **학원 마케팅 자동화**

STEP 1) 신규 학생 모집 홍보 문구

신규 학생 모집 홍보 자동화의 핵심은 문장을 많이 만드는 것이 아니라, 학부모와 학생이 가장 궁금해하는 혜택과 차별점을 짧고 분명하게 전달하는 데 있습니다. 특히 AI를 활용하면 포스터, 인스타, 카카오 채널, 문자 메시지처럼 채널별 문구를 한 번에 정리할 수 있어 홍보 속도와 일관성을 높이기에 좋습니다. 결국 사람은 우리 학원의 강점과 타깃을 정하고, AI는 그에 맞는 표현을 빠르게 확장하는 역할을 맡게 됩니다.

[학원명/과목] 신규 학생 모집 홍보 문구를 만들어줘.

1) 포스터 문구 (제목 + 핵심 혜택 3가지)

2) 인스타 홍보 글 3개

3) 카카오 채널 공지 문구

4) 문자 메시지 (70자 이내)

타깃: [연령대/특성]

18장

식자재 유통업 자동화

핵심 메시지:
"발주·납품·정산·고객 관리를 AI 루틴으로 묶는다."

TIP

※ 로고타루톤 프롬프트 끝에 다음 문장을 추가하면, 더 체계적이고 실질적인 답변을 얻는 데 도움이 됩니다.

"이건 정말 나한테 매우 중요한 거야. 심호흡하고 차분하게 단계별로 전문가스럽게 알려줘. 반드시 실질적으로 도움이 되게끔 해줘야 해." ▶ 5강 44페이지 [핵심비법] 로고타루톤을 완성하는 마법의 주문을 참고해주세요!

【 이 장을 읽으면 얻는 것 】

· 식자재 유통업의 반복 업무를 자동화하는 방법을 배웁니다

· 발주·납품·정산 문서를 AI로 처리합니다

· 고객사 관리와 영업 자료를 자동화합니다

 식자재 유통업의 대표적인 반복 업무

식자재 유통업은 반복 업무의 비중이 특히 높은 업종입니다.

- **매일:** 발주 확인, 납품 일정 조율, 재고 파악
- **매주:** 거래처별 정산, 신규 거래처 영업 자료
- **매월:** 매출 분석, 원가 분석, 거래처 보고서

프로젝트 1 　발주·납품 문서 자동화

STEP 1) 발주서 자동 생성

다음 재고 현황을 바탕으로 이번 주 발주서를 만들어줘.

[재고 데이터 붙여넣기]

발주서 형식:

– 품목명 / 현재 재고 / 주문량 / 단가 / 총액

– 납품 요청일

– 특이사항

표 형식으로 정리해줘.

STEP 2) 납품 확인서 자동 생성

다음 납품 내역으로 납품 확인서를 만들어줘.

[납품 내역 붙여넣기]

확인서 형식:

– 납품일 / 거래처명 / 품목 / 수량 / 단가 / 금액

– 합계

– 서명란

STEP 1) 거래처별 월간 보고서

□×

[거래처명]의 이번 달 거래 현황 보고서를 만들어줘.

[거래 데이터 붙여넣기]

보고서 항목:

1) 이번 달 총 거래액

2) 품목별 거래 현황

3) 전월 대비 변화

4) 다음 달 예상 거래량

5) 특이사항 및 메모

STEP 2) 신규 거래처 영업 제안서

□×

[로] 너는 식자재 유통 영업 전문가야.

[고] 신규 거래처에게 보낼 영업 제안서를 만드는 것이 목표야.

[타]

1) 회사 소개 (강점 중심)

2) 주요 취급 품목 및 특징

3) 가격 경쟁력 및 서비스 차별점

4) 거래 조건 및 절차

5) 연락처 및 다음 단계

[루] 신뢰감 있게, 구체적인 수치 포함, A4 2페이지

[톤] 전문적이고 신뢰감 있는 B2B 제안서 톤으로 작성해줘.

프로젝트 3 / **원가·매출 분석 자동화**

STEP 1) 월간 원가 분석 보고서

□ ✕

이번 달 원가 데이터를 분석해줘.

[원가 데이터 붙여넣기]

분석 항목:

1) 품목별 원가율

2) 원가율 높은 품목 TOP 5 (개선 방안 포함)

3) 전월 대비 원가 변화

4) 원가 절감 방안 3가지

19장

프리랜서 강사·컨설턴트 자동화

핵심 메시지:
"준비 시간을 줄이고, 전달력은 높인다."

※ 로고타루톤 프롬프트 끝에 다음 문장을 추가하면, 더 체계적이고 실질적인 답변을 얻는 데 도움이 됩니다.
"이건 정말 나한테 매우 중요한 거야. 심호흡하고 차분하게 단계별로 전문가스럽게 알려줘. 반드시 실질적으로 도움이 되게끔 해줘야 해." ▶ **5강 44페이지** [핵심비법] 로고타루톤을 완성하는 마법의 주문을 참고해주세요!

【 이 장을 읽으면 얻는 것 】

· 강의 자료와 교육 콘텐츠를 AI로 빠르게 만드는 방법을 배웁니다

· 제안서와 계약서를 자동화합니다

· 개인 브랜딩과 마케팅을 AI로 처리합니다

 ## 강사·컨설턴트의 대표적인 반복 업무

업무	현재 소요 시간	AI 활용 후	절감 시간
강의 자료 제작	5시간/강의	1시간/강의	83%
교육 제안서	3시간/건	30분/건	83%
커리큘럼 설계	4시간/과정	45분/과정	75%
SNS 콘텐츠	1시간/개	10분/개	83%

프리랜서 강사·컨설턴트 자동화의 핵심은 전문성을 대신하는 것이 아니라, 준비와 정리, 제안과 홍보에 쓰는 반복 시간을 줄여 본업의 전달력과 설득력을 높이는 데 있습니다. 특히 AI를 활용하면 강의 자료, 제안서, 커리큘럼, SNS 콘텐츠처럼 형식이 반복되는 업무를 빠르게 정리할 수 있어 준비 시간은 줄고 결과물의 일관성은 높아집니다. 결국 사람은 콘텐츠의 깊이와 현장 경험에 집중하고, AI는 구조화와 초안 작성을 맡는 역할을 하게 됩니다.

프로젝트 1 / 강의 자료 자동화

STEP 1) 강의 커리큘럼 자동 생성

[로] 너는 교육과정 설계 전문가야.

[고] [강의 주제] 강의 커리큘럼을 만드는 것이 목표야.

[타]

1) 강의 목표 및 기대 효과

2) 대상 수강생 특성

3) 세부 커리큘럼 (시간대별)

4) 실습 활동 3가지

5) 강의 후 과제

[루] 이론 40% 실습 60%, 수강생 눈높이, 표 형식

[톤] 강사가 바로 실행할 수 있는 실용적인 톤으로 작성해줘.

STEP 2) 강의 스크립트 자동 생성

[강의 주제]의 [섹션명] 부분 강의 스크립트를 만들어줘.

– 시간: [분]

– 핵심 내용: [내용]

– 예시: [예시]

– 실습: [실습 내용]

강사가 그대로 읽을 수 있는 수준으로 작성해줘.

STEP 3) PPT 슬라이드 텍스트 자동 생성

[강의 주제] 강의용 PPT 슬라이드 텍스트를 만들어줘.

총 [장 수]장, 각 슬라이드:

– 제목 (10자 이내)

– 핵심 포인트 3개 (각 20자 이내)

– 강사 설명 메모 (50자)

프로젝트 2　제안서·계약 자동화

STEP 1) 교육 제안서 자동 생성

[로] 너는 교육 제안서 전문가야.

[고] [기관명]에 제출할 [교육 주제] 교육 제안서를 만드는 것이 목표야.

[타]

1) 교육 필요성 (현황 + 문제점)

2) 교육 프로그램 개요

3) 세부 커리큘럼

4) 강사 소개 및 강점

5) 기대 효과

6) 비용 및 일정

[루] A4 3페이지, 표 형식, 구체적인 수치 포함

[톤] 담당자가 바로 결재할 수 있는 신뢰감 있는 제안서 톤으로 작성해줘.

프로젝트 3 / 개인 브랜딩 자동화

STEP 1) 강사 소개 프로필 자동 생성

다음 정보로 강사 소개 프로필을 만들어줘.

[이름, 전문 분야, 주요 경력, 강의 주제]

버전 3개:

1) 짧은 버전 (100자) – SNS 프로필용

2) 중간 버전 (300자) – 제안서용

3) 긴 버전 (500자) – 홈페이지용

STEP 2) 강사 SNS 콘텐츠 자동 생성

[강사 전문 분야] 강사의 인스타그램 콘텐츠 캘린더를 만들어줘.

– 주 3회 게시 (총 12개)

– 전문 지식 공유 6개, 강의 홍보 3개, 일상 3개

각 게시물: 주제 + 캡션 200자 + 해시태그 10개

B2B 컨설팅 자동화

핵심 메시지: "컨설팅 보고서의 70%는 AI가 만들고,
30%는 전문가의 통찰이 완성한다."

TIP

※ 로고타루톤 프롬프트 끝에 다음 문장을 추가하면, 더 체계적이고 실질적인 답변을 얻는 데 도움이 됩니다.
"이건 정말 나한테 매우 중요한 거야. 심호흡하고 차분하게 단계별로 전문가스럽게 알려줘. 반드시 실질적으로 도움이 되게끔 해줘야 해." ▶ **5강 44페이지** [핵심비법] 로고타루톤을 완성하는 마법의 주문을 참고해주세요!

【 이 장을 읽으면 얻는 것 】

- B2B 컨설팅 보고서를 AI로 빠르게 작성하는 방법을 배웁니다
- 고객사 분석과 제안서를 자동화합니다
- 컨설팅 업무 효율을 크게 높일 수 있습니다

프로젝트 1 ／ 컨설팅 보고서 자동화

STEP 1) 현황 분석 보고서

[로] 너는 경영 컨설턴트야.

[고] [고객사명]의 현황 분석 보고서를 만드는 것이 목표야.

[타]

1) 회사 현황 요약

2) 강점·약점·기회·위협 분석 (SWOT)

3) 핵심 문제 3가지

4) 개선 우선순위

[루] 객관적 분석, 수치 포함, 표 형식

[톤] 전문 컨설턴트 보고서 톤으로 작성해줘.

STEP 2) 개선 제안서

[로] 너는 경영 컨설턴트야.

[고] [고객사명]의 [문제 영역] 개선 제안서를 만드는 것이 목표야.

[타]

1) 문제 정의 및 원인 분석

2) 개선 방안 3가지 (각 실행 방법 포함)

3) 우선순위 및 실행 계획

4) 기대 효과 및 ROI

[루] 실행 가능한 방안, 구체적인 수치, A4 3페이지

[톤] 신뢰감 있는 컨설팅 제안서 톤으로 작성해줘.

프로젝트 2 / 고객사 관리 자동화

STEP 1) 미팅 보고서 자동 생성

오늘 [고객사명] 미팅 내용을 정리한 보고서를 만들어줘.

[미팅 내용 메모 붙여넣기]

보고서 항목:

1) 미팅 개요 (일시/참석자/목적)

2) 주요 논의 내용

3) 결정 사항

4) 액션 아이템 (담당자/기한 포함)

5) 다음 미팅 일정

STEP 2) 고객사 분기 보고서

[고객사명]의 이번 분기 컨설팅 성과 보고서를 만들어줘.

[데이터 붙여넣기]

보고서 항목:

1) 이번 분기 주요 성과

2) 목표 달성률

3) 주요 이슈 및 해결 내용

4) 다음 분기 계획

5) 고객사에 드리는 제언

Part.5 마무리

이 파트에서 우리는 카페·음식점, 쇼핑몰, 미용실, 학원, 식자재 유통, 강사·컨설턴트, B2B 컨설팅 업종별로 AI 자동화 방법을 배웠습니다.

핵심은 하나입니다.

업종마다 반복되는 일이 있고, 그 반복을 AI로 제거하면 사장님은 더 중요한 일에 집중할 수 있습니다.

다음 파트에서는 AI를 사용할 때 주의해야 할 리스크 관리와 조직 전체에 AI를 정착시키는 방법을 배웁니다.

"업종별 자동화를 알았다면, 이제 안전하게 확장할 차례입니다."

B2B 컨설팅 자동화

더 넓은 업종 적용과 AI 안전 운영

06

이 파트에서는 여행·숙박업, 지역 커뮤니티, 1인 미디어 업종의 AI 자동화 방법을 배우고, AI 사용 시 주의해야 할 리스크 관리와 조직 전체에 AI를 정착시키는 방법을 익힙니다.

더 넓은 업종 적용과 AI 안전 운영

21장

여행·숙박업 자동화

> **TIP**
>
> ※ 로고타루톤 프롬프트 끝에 다음 문장을 추가하면, 더 체계적이고 실질적인 답변을 얻는 데 도움이 됩니다.
>
> **"이건 정말 나한테 매우 중요한 거야. 심호흡하고 차분하게 단계별로 전문가스럽게 알려줘. 반드시 실질적으로 도움이 되게끔 해줘야 해."** ▶ **5강 44페이지** [핵심비법] 로고타루톤을 완성하는 마법의 주문을 참고해주세요!

【 이 장을 읽으면 얻는 것 】

- 여행·숙박업에서 AI를 활용하는 방법을 배웁니다
- 예약 관리, 고객 응대, 마케팅을 자동화합니다
- 여행 상품 기획과 홍보를 AI로 처리합니다

여행·숙박업의 대표적인 반복 업무

여행·숙박업은 고객 응대, 예약 관리, 홍보 콘텐츠 제작이 반복적으로 이루어지는 업종입니다.

업무	현재 소요 시간	AI 활용 후	절감 시간
숙소/상품 설명 작성	2시간/건	20분/건	83%
고객 문의 답변	2시간/일	30분/일	75%
리뷰 답글	1시간/일	10분/일	83%
여행 코스 기획	4시간/건	40분/건	83%
홍보 콘텐츠	2시간/개	20분/개	83%

여행·숙박업 자동화의 핵심은 사람의 환대와 서비스 감각은 살리고, 반복되는 예약·문의·리뷰·홍보 업무만 빠르게 줄이는 데 있습니다. 특히 AI를 활용하면 숙소 소개 문구, 고객 문의 답변, 후기 관리, 여행 코스 초안처럼 시간이 많이 들지만 형식이 반복되는 업무를 효율적으로 처리할 수 있습니다. 결국 사람은 고객 경험과 현장 서비스 품질에 더 집중하고, AI는 운영 속도와 일관성을 높이는 역할을 맡게 됩니다.

STEP 1) 숙소 소개 문구 자동 생성

[로] 너는 여행·숙박 마케팅 전문가야.

[고] [숙소명]의 에어비앤비/야놀자/여기어때 등록용 소개 문구를 만드는 것이 목표야.

[타]

1) 숙소 헤드라인 5개 (30자 이내)

2) 숙소 특징 설명 (500자)

3) 주변 관광지·편의시설 안내 (300자)

4) 이용 규칙 및 주의사항

[루] 구체적인 특징 강조, 과장 금지, 예약 유도

[톤] 여행자의 기대감을 높이는 감성적인 숙박 플랫폼 톤으로 작성해줘.

STEP 2) 여행 코스 기획 자동화

[로] 너는 여행 코스 기획 전문가야.

[고] [지역] [기간] 여행 코스를 만드는 것이 목표야.

[타]

1) 일정별 추천 코스 (아침/점심/저녁)

2) 각 장소 특징 및 소요 시간

3) 이동 방법 및 예상 비용

4) 꼭 먹어야 할 음식 5가지

5) 주의사항 및 팁

[루] 실제 가능한 일정, 이동 시간 고려, 예산 현실적으로

[톤] 여행자에게 친절하게 안내하는 여행 가이드 톤으로 작성해줘.

프로젝트 2 / 고객 응대 자동화

STEP 1) 예약 관련 메시지 세트

□×

숙박업소 예약 관련 메시지 세트를 만들어줘.

1) 예약 확인 메시지

2) 체크인 전날 안내 메시지

3) 체크인 당일 환영 메시지

4) 체크아웃 후 감사 메시지

5) 재방문 유도 메시지

각 메시지는 3~4문장, 따뜻하고 친절하게.

STEP 2) 리뷰 답글 자동화

□×

다음 숙박 리뷰에 맞는 답글을 만들어줘.
[리뷰 내용 붙여넣기]
답글 조건:
– 3~4문장
– 감사 인사 + 구체적인 언급 + 재방문 유도
– 존댓말, 따뜻하게

STEP 1) 시즌별 여행 상품 홍보

시즌별 여행 상품 홍보 자동화의 핵심은 문구를 많이 만드는 것이 아니라, 계절·지역·고객 관심사에 맞는 메시지를 빠르게 뽑아 채널별로 확장하는 데 있습니다. 특히 AI를 활용하면 포스터, SNS, 뉴스레터, 문자처럼 형식이 다른 홍보 문구를 한 번에 정리할 수 있어 마케팅 속도와 일관성을 높이기에 좋습니다. 결국 사람은 어떤 상품을 앞세울지 판단하고, AI는 그 상품의 매력을 다양한 표현으로 확장하는 역할을 맡게 됩니다.

[계절] 시즌 [지역] 여행 상품 홍보 문구를 만들어줘.

1) 포스터 문구 (제목 + 핵심 혜택)

2) SNS 홍보 글 3개

3) 이메일 뉴스레터 제목 5개

4) 문자 메시지 (70자 이내)

22장 지역 커뮤니티·소셜 비즈니스 자동화

핵심 메시지:
"지역 커뮤니티의 소통과 운영을 AI로 효율화한다."

TIP

※ 로고타루톤 프롬프트 끝에 다음 문장을 추가하면, 더 체계적이고 실질적인 답변을 얻는 데 도움이 됩니다.
"이건 정말 나한테 매우 중요한 거야. 심호흡하고 차분하게 단계별로 전문가스럽게 알려줘. 반드시 실질적으로 도움이 되게끔 해줘야 해." ▶ **5강 44페이지** [핵심비법] 로고타루톤을 완성하는 마법의 주문을 참고해주세요!

【 이 장을 읽으면 얻는 것 】

- 지역 커뮤니티 운영에서 AI를 활용하는 방법을 배웁니다
- 공지문, 행사 기획, 회원 관리를 자동화합니다
- 지역 소셜 비즈니스의 홍보와 보고서를 AI로 처리합니다

프로젝트 1 / 커뮤니티 운영 자동화

STEP 1) 공지문 자동 생성

지역 커뮤니티 자동화의 핵심은 사람 사이의 소통을 줄이는 것이 아니라, 공지와 운영에 드는 반복 시간을 줄여 더 따뜻한 연결과 현장 대응에 집중하게 만드는 데 있습니다. 특히 AI를 활용하면 공지문, 행사 안내, 회원 대상 메시지처럼 형식이 반복되는 문서를 빠르게 정리할 수 있어 전달 속도와 일관성을 높이기에 좋습니다. 결국 사람은 관계 형성과 현장 소통을 맡고, AI는 운영 문서와 안내 문구를 정리하는 역할을 하게 됩니다.

[커뮤니티명]의 [공지 내용]에 대한 공지문을 만들어줘.
- 대상: [회원/주민/참가자]
- 내용: [공지 내용]
- 형식: 제목 + 본문 300자 + 문의처
- 톤: 친근하고 명확하게

STEP 2) 행사 기획서 자동 생성

[행사명] 행사 기획서를 만들어줘.

– 목적: [목적]

– 대상: [대상]

– 일시: [날짜]

– 장소: [장소]

기획서 항목:

1) 행사 개요

2) 세부 프로그램

3) 준비 사항 및 역할 분담

4) 예산 계획

5) 홍보 방법

프로젝트 2 / 회원 소통 자동화

STEP 1) 뉴스레터 자동 생성

[커뮤니티명] 월간 뉴스레터를 만들어줘.

포함 내용:

1) 이번 달 주요 소식 3가지

2) 다음 달 예정 행사

3) 회원 소식 (익명 처리)

4) 유용한 정보 1가지

5) 마무리 인사

500자 이내, 친근하고 따뜻하게.

1인 미디어·크리에이터 자동화

23장

핵심 메시지:
"콘텐츠 기획부터 댓글 관리까지, 1인 미디어 운영의 전 과정을 자동화한다."

TIP

※ 로고타루톤 프롬프트 끝에 다음 문장을 추가하면, 더 체계적이고 실질적인 답변을 얻는 데 도움이 됩니다.
"이건 정말 나한테 매우 중요한 거야. 심호흡하고 차분하게 단계별로 전문가스럽게 알려줘. 반드시 실질적으로 도움이 되게끔 해줘야 해." ▶ 5강 44페이지 [핵심비법] 로고타루톤을 완성하는 마법의 주문을 참고해주세요!

【 이 장을 읽으면 얻는 것 】

- 유튜브·블로그·팟캐스트 콘텐츠를 AI로 기획하는 방법을 배웁니다
- 스크립트, 썸네일 문구, 설명란을 자동화합니다
- 채널 성장 전략을 AI로 분석합니다

 ## 1인 미디어의 대표적인 반복 업무

업무	현재 소요 시간	AI 활용 후	절감 시간
콘텐츠 기획	2시간/개	15분/개	88%
스크립트 작성	4시간/개	45분/개	81%
썸네일 문구	30분/개	5분/개	83%
설명란 작성	30분/개	5분/개	83%
댓글 답변	1시간/일	10분/일	83%

1인 미디어 자동화의 핵심은 크리에이터의 개성과 메시지는 살리고, 반복되는 기획·정리·문구 작성 업무만 빠르게 줄이는 데 있습니다. 특히 AI를 활용하면 콘텐츠 아이디어, 스크립트 초안, 썸네일 문구, 설명란, 댓글 답변처럼 형식이 반복되는 작업을 한 번에 정리할 수 있어 제작 속도와 업로드 지속성이 크게 높아집니다. 결국 사람은 콘텐츠의 방향과 개성을 결정하고, AI는 운영의 속도와 일관성을 높이는 역할을 맡게 됩니다.

STEP 1) 월간 콘텐츠 기획

□×

[로] 너는 유튜브 채널 기획 전문가야.

[고] [채널 주제] 채널의 이번 달 콘텐츠 기획을 만드는 것이 목표야.

[타]

1) 이번 달 트렌드 분석

2) 콘텐츠 아이디어 10개

3) 각 콘텐츠별 제목 3개 버전

4) 촬영 순서 및 일정

[루] 채널 방향성 유지, 검색 최적화 고려, 실행 가능한 것만

[톤] 채널 담당자가 바로 실행할 수 있는 실용적인 톤으로 작성해줘.

STEP 2) 영상 스크립트 자동 생성

□×

[로] 너는 유튜브 스크립트 작가야.

[고] [영상 주제] 영상 스크립트를 만드는 것이 목표야.

[타]

1) 오프닝 (30초) – 후킹 멘트

2) 본론 (5분) – 핵심 내용 3가지

3) 클로징 (30초) – 구독·좋아요 유도

[루] [시간]분 분량, 자연스러운 말투, 예시 포함

[톤] [채널 성격]에 맞는 톤으로 작성해줘.

프로젝트 2 / 채널 운영 자동화

STEP 1) 썸네일 문구 자동 생성

□ ×

[영상 주제]에 맞는 썸네일 문구를 만들어줘.
– 메인 문구 10개 (10자 이내, 클릭 유도)
– 서브 문구 5개 (15자 이내)
클릭률이 높을 것 같은 순서로 정렬해줘.

STEP 2) 영상 설명란 자동 생성

□ ×

[영상 주제] 영상의 유튜브 설명란을 만들어줘.
포함 내용:
1) 영상 요약 (200자)
2) 목차 (타임스탬프 포함)
3) 관련 링크 안내
4) 채널 소개 및 구독 유도
5) 해시태그 10개

STEP 3) 댓글 답변 자동화

□ ×

다음 댓글에 맞는 답변을 만들어줘.
[댓글 내용 붙여넣기]
답변 조건:
– 2~3문장
– 진심이 느껴지게
– 추가 시청 유도
– 친근한 말투

STEP 1) 월간 채널 성과 분석

월간 채널 성과 분석의 핵심은 숫자를 보는 데서 끝나는 것이 아니라, 어떤 콘텐츠가 성장에 기여했고 다음 달에 무엇을 더 해야 하는지 판단하는 데 있습니다. 특히 AI를 활용하면 구독자 변화, 인기 영상 공통점, 조회수와 시청 시간 흐름을 한 번에 정리할 수 있어 채널 운영의 방향을 더 빠르게 잡을 수 있습니다. 결국 사람은 데이터를 다시 모으는 데 시간을 쓰기보다, 어떤 주제를 강화하고 어떤 형식을 줄일지 결정하는 데 집중하면 됩니다.

이번 달 채널 데이터를 분석해줘.

[데이터 붙여넣기]

분석 항목:

1) 구독자 증감 분석

2) 인기 영상 TOP 5 (공통점 분석)

3) 조회수·시청 시간 변화

4) 채널 성장 전략 3가지

5) 다음 달 콘텐츠 방향 제안

24장 AI 사용 시 꼭 알아야 할 리스크 관리

핵심 메시지:
"AI 시대에 가장 중요한 것은 '속도'가 아니라 '안전한 기준'이다."

TIP

※ 로고타루톤 프롬프트 끝에 다음 문장을 추가하면, 더 체계적이고 실질적인 답변을 얻는 데 도움이 됩니다.

"이건 정말 나한테 매우 중요한 거야. 심호흡하고 차분하게 단계별로 전문가스럽게 알려줘. 반드시 실질적으로 도움이 되게끔 해줘야 해." ▶ **5강 44페이지** [핵심비법] 로고타루톤을 완성하는 마법의 주문을 참고해주세요!

【 이 장을 읽으면 얻는 것 】

- AI 사용 시 주의해야 할 개인정보·저작권 문제를 이해합니다
- 조직의 AI 사용 기준을 만드는 방법을 배웁니다
- AI 윤리 기준을 실무에 적용하는 방법을 익힙니다

AI 리스크의 3가지 유형

AI를 업무에 활용할 때 주의해야 할 리스크는 크게 세 가지입니다.

리스크 1: 개인정보 유출 AI에게 고객 정보, 직원 정보, 거래처 정보를 직접 입력하면 개인정보가 외부로 유출될 수 있습니다.

리스크 2: 저작권 침해 AI가 생성한 이미지, 글, 코드에 저작권 문제가 있을 수 있습니다.

리스크 3: 잘못된 정보 사용 AI는 가끔 틀린 정보를 자신 있게 말합니다. 이를 검증 없이 사용하면 문제가 됩니다.

AI 리스크 관리의 핵심은 사용을 멈추는 것이 아니라, 어디까지는 자동화하고 어디서부터는 반드시 사람이 확인해야 하는지 기준을 세우는 데 있습니다. 특히 개인정보, 저작권, 사실 검증은 속도보다 안전이 우선이므로 사전 점검 기준이 분명해야 합니다. 결국 AI를 잘 쓰는 조직은 빨리 쓰는 조직이 아니라, 안전하게 검토하고 책임 있게 활용하는 조직입니다.

STEP 1) 개인정보 입력 금지 목록 만들기

AI에게 절대 입력하지 말아야 할 정보 목록을 만들어 팀 전체와 공유합니다.

AI 입력 금지 정보 목록:

1) 고객 이름, 연락처, 주소

2) 직원 개인 정보

3) 거래처 계약 금액, 조건

4) 회사 내부 기밀 정보

5) 미공개 사업 계획

STEP 2) 개인정보 없이 분석하는 프롬프트 만들기

고객 데이터를 분석할 때는 개인 식별 정보를 제거하고 입력합니다.

예시:

- 잘못된 방법: "홍길동 고객(010-1234-5678)의 구매 패턴 분석해줘"
- 올바른 방법: "30대 여성 고객의 구매 패턴 분석해줘. 월 2회 방문, 평균 3만원 구매"

프로젝트 2 / 저작권 관리 자동화

STEP 1) 이미지 사용 기준 만들기

AI가 생성한 이미지를 상업적으로 사용할 때는 해당 AI 서비스의 이용 약관을 확인해야 합니다.

무료·상업용 가능 이미지 소스:

- Pixabay (pixabay.com)
- Unsplash (unsplash.com)
- Pexels (pexels.com)
- Freepik (일부 무료)

AI 이미지 생성 시 주의사항:

- 실존 인물 얼굴 생성 금지
- 브랜드 로고 포함 이미지 생성 주의
- 상업적 사용 전 약관 확인

STEP 2) 문서 저작권 점검 프롬프트

이 문서를 외부에 공개하기 전에 저작권 관련 문제를 점검해줘.

[문서 내용 붙여넣기]

점검 항목:

1) 출처 없는 통계·수치 확인

2) 특정 인물·기업 명예 훼손 가능성

3) 저작권 있는 내용 무단 인용 여부

4) 개선 제안

STEP 1) 회사 AI 사용 기준 10가지 만들기

□ X

우리 회사/가게의 AI 사용 기준을 만들어줘.

업종: [업종]

규모: [규모]

기준 항목:

1) 개인정보 처리 기준

2) AI 결과물 검수 기준

3) 외부 공개 시 주의사항

4) 직원 AI 사용 교육 기준

5) AI 오류 발생 시 처리 방법

STEP 2) AI 결과물 검수 루틴

AI가 만든 모든 결과물은 다음 3단계 검수를 거칩니다.

단계	내용	담당
1차 검수	사실 확인 (수치, 날짜, 고유명사)	담당자
2차 검수	톤·어조 확인 (브랜드 일관성)	담당자
3차 검수	최종 확인 (법적 문제, 윤리 기준)	책임자

AI 리스크 관리 체크리스트

AI를 활용하기 전에 다음을 확인하세요.

- ☐ 개인정보가 포함되어 있지 않은가?
- ☐ 기밀 정보가 포함되어 있지 않은가?
- ☐ AI 결과물의 수치·사실을 확인했는가?
- ☐ 저작권 문제가 없는가?
- ☐ 브랜드 톤에 맞는가?
- ☐ 법적·윤리적 문제가 없는가?

체크리스트의 핵심은 '문제가 생긴 뒤 대응하는 것'이 아니라, 사용 전에 위험 요소를 먼저 걸러내는 데 있습니다. 특히 개인정보, 사실 검증, 저작권, 법적·윤리적 기준은 한 번 놓치면 수정 비용이 더 커지기 때문에 작업 전에 반드시 확인하는 습관이 중요합니다. 결국 안전한 AI 활용은 복잡한 기술이 아니라, 사용 전 1분 점검 루틴에서 시작됩니다.

● 초보자 실수

- **실수 1: 고객 정보를 그대로 AI에 입력한다** "홍길동 고객의 구매 패턴 분석해줘"처럼 실명을 입력하면 안 됩니다. 개인 식별 정보를 제거하고 입력하세요.

- **실수 2: AI 결과를 검증 없이 사용한다** AI는 가끔 틀린 정보를 자신 있게 말합니다. 특히 수치, 날짜, 법적 내용은 반드시 확인하세요.

- **실수 3: 저작권을 무시한다** AI가 만든 이미지나 글도 저작권 문제가 생길 수 있습니다. 상업적 사용 전에 해당 AI 서비스의 약관을 확인하세요.

25장

사장님과 직원이 함께 쓰는 AI 조직 루틴 만들기

핵심 메시지:
"AI는 혼자 쓰면 기능, 팀으로 쓰면 시스템이 된다."

> **TIP**
>
> ※ 로고타루톤 프롬프트 끝에 다음 문장을 추가하면, 더 체계적이고 실질적인 답변을 얻는 데 도움이 됩니다.
>
> **"이건 정말 나한테 매우 중요한 거야. 심호흡하고 차분하게 단계별로 전문가스럽게 알려줘. 반드시 실질적으로 도움이 되게끔 해줘야 해."** ▶ **5강 44페이지** [핵심비법] 로고타루톤을 완성하는 마법의 주문을 참고해주세요!

【 이 장을 읽으면 얻는 것 】

- **조직 전체에 AI를 정착시키는 방법을 배웁니다**
- **사장님과 직원의 AI 역할 분담을 설계합니다**
- **공통 프롬프트 라이브러리를 구축하는 방법을 익힙니다**

🤖 AI 조직 정착의 3단계

1단계: 개인 활용 (1~2개월)

- 사장님 혼자 AI를 써보고 효과를 확인합니다
- 잘 작동하는 프롬프트를 저장합니다

2단계: 팀 공유 (2~3개월)

- 효과적인 프롬프트를 팀원과 공유합니다
- 팀원들이 AI를 써볼 수 있도록 교육합니다

3단계: 시스템화 (3개월 이후)

- 공통 프롬프트 라이브러리를 구축합니다
- AI 활용 루틴을 업무 프로세스에 통합합니다

AI 조직 정착의 핵심은 한 사람이 잘 쓰는 데서 끝나는 것이 아니라, 잘 작동하는 방식이 팀의 공통 습관과 업무 기준으로 이어지게 만드는 데 있습니다. 특히 개인 활용, 팀 공유, 시스템화의 3단계를 거치면 AI 활용이 일회성 시도가 아니라 조직의 생산성 루틴으로 자리 잡게 됩니다.

프로젝트 1 / 역할 분담 설계

STEP 1) 사장님 vs 직원 AI 업무 분담표

□×

우리 [업종] 가게/회사의 AI 업무 분담표를 만들어줘.

직원 수: [명]

주요 업무: [업무 목록]

분담 기준:

– 사장님: 전략·기획·최종 검수

– 직원: 초안 생성·데이터 정리·반복 업무

표 형식으로 정리해줘.

STEP 2) 직원 AI 교육 계획

□×

직원들이 AI를 업무에 활용할 수 있도록 교육 계획을 만들어줘.

– 대상: [직원 수, 특성]

– 기간: 4주

– 목표: 기본 프롬프트 활용 능력 습득

주차별 교육 내용:

1주차: AI 기초 이해

2주차: 기본 프롬프트 실습

3주차: 업무별 프롬프트 적용

4주차: 팀 공통 프롬프트 구축

STEP 1) 업무별 공통 프롬프트 세트 만들기

조직 전체가 함께 쓰는 프롬프트 세트를 만듭니다.

우리 [업종] 가게/회사에서 공통으로 쓸 프롬프트 세트를 만들어줘.

업무 유형: 보고서/홍보/고객응대/기획/분석

각 유형별 프롬프트 3개씩 (총 15개)

각 프롬프트는 로고타루톤 형식으로 작성해줘.

STEP 2) 프롬프트 라이브러리 관리 방법

공통 프롬프트 라이브러리의 핵심은 좋은 프롬프트를 개인이 혼자 갖고 있는 것이 아니라, 조직이 함께 쓰는 업무 자산으로 만드는 데 있습니다. 특히 업무 유형별로 정리하고 저장 위치, 담당자, 업데이트 주기를 정해두면 새 직원이 들어와도 바로 활용할 수 있고 팀 전체의 결과물 품질도 일정하게 유지됩니다. 결국 중요한 것은 프롬프트를 많이 만드는 것이 아니라, 잘 분류하고 쉽게 찾고 함께 개선하는 구조를 만드는 것입니다.

항목	내용
저장 위치	구글 드라이브, 노션, 공유 폴더
분류 방법	업무 유형별 (마케팅/보고서/CS/기획)
업데이트 주기	분기별 1회
담당자	팀장 또는 AI 담당자
공유 방법	팀 채널에 링크 공유

프로젝트 3 / 일일·주간 AI 루틴 정착

● 일일 AI 루틴 (10분)

매일 아침 10분 AI 루틴:

1) 오늘 할 일 우선순위 정리 (AI로 생성)

2) 어제 주요 이슈 요약 (AI로 생성)

3) 오늘 고객 응대 메시지 준비 (AI로 생성)

● 주간 AI 루틴 (1시간)

매주 월요일 1시간 AI 루틴:

1) 지난 주 성과 요약 보고서 생성

2) 이번 주 콘텐츠 캘린더 생성

3) 이번 주 우선순위 업무 목록 생성

4) 팀 공유 메시지 초안 생성

● 월간 AI 루틴 (2시간)

매월 첫째 주 2시간 AI 루틴:

1) 지난 달 성과 분석 보고서 생성

2) 이번 달 마케팅 계획 생성

3) 이번 달 교육·개선 계획 생성

4) 프롬프트 라이브러리 업데이트

AI 조직 정착의 체크리스트

● 1개월 후 점검

☐ 사장님이 매일 AI를 1회 이상 활용하고 있는가?

☐ 잘 작동하는 프롬프트 5개 이상 저장했는가?

☐ AI 활용으로 절약된 시간을 측정했는가?

● 3개월 후 점검

☐ 팀원 전체가 AI를 활용하고 있는가?

☐ 공통 프롬프트 라이브러리가 구축되었는가?

☐ AI 활용 루틴이 업무 프로세스에 통합되었는가?

● 6개월 후 점검

☐ AI 활용으로 업무 시간이 30% 이상 절감되었는가?

☐ 콘텐츠 생산량이 2배 이상 증가했는가?

☐ 고객 응대 품질이 향상되었는가?

☐ 새로운 AI 활용 영역을 발굴했는가?

● 현업 적용 팁

• **작은 성공 경험을 만들어라** 처음에는 "이거 AI로 해봤더니 10분 만에 됐어"라는 경험이 중요합니다. 작은 성공이 쌓이면 팀 전체의 AI 활용 의지가 높아집니다.

• **강요하지 말고 보여줘라** 직원들에게 AI를 강요하기보다 사장님이 먼저 써서 "이렇게 하니까 이런 결과가 나왔어"라고 보여주세요.

• **실패를 두려워하지 말아라** AI 결과가 마음에 안 들 때도 있습니다. 그건 정상입니다. "이 프롬프트는 안 됐고, 이렇게 바꾸니 됐어"라는 경험이 쌓이면 점점 잘하게 됩니다.

• **프롬프트는 팀의 자산이다** 좋은 프롬프트는 팀원이 바뀌어도 남습니다. 프롬프트를 잘 관리하면 신입 직원도 바로 활용할 수 있습니다.

Part.6 마무리

이 파트에서 우리는 더 다양한 업종에서의 AI 활용법을 배우고, 리스크 관리와 조직 정착 방법을 익혔습니다.

이 책 전체를 통해 강조한 핵심은 세 가지입니다.

- **작게 시작하라.** AI 도입은 거창한 혁신이 아닙니다. 가장 귀찮은 업무 1개부터 시작하세요.
- **루틴을 만들어라.** AI는 가끔 쓰는 도구가 아니라 매일 쓰는 루틴이 되어야 합니다.
- **팀과 함께 써라.** AI는 혼자 쓰면 기능이지만, 팀이 함께 쓰면 시스템이 됩니다.

결국 AI 활용의 성패는 도구를 얼마나 많이 아느냐가 아니라, 내 업종의 반복 업무를 얼마나 정확히 찾고 꾸준히 루틴으로 연결하느냐에 달려 있습니다. 작은 자동화 1개가 쌓이면 업무가 바뀌고, 팀이 함께 쓰기 시작하면 시스템이 됩니다. 중요한 것은 완벽한 시작이 아니라, 바로 적용하고 계속 다듬는 실행입니다.결국 AI 활용의 성패는 도구를 얼마나 많이 아느냐가 아니라, 내 업종의 반복 업무를 얼마나 정확히 찾고 꾸준히 루틴으로 연결하느냐에 달려 있습니다. 작은 자동화 1개가 쌓이면 업무가 바뀌고, 팀이 함께 쓰기 시작하면 시스템이 됩니다. 중요한 것은 완벽한 시작이 아니라, 바로 적용하고 계속 다듬는 실행입니다.

"AI는 여러분의 경쟁자가 아닙니다. AI는 여러분이 더 중요한 일에 집중할 수 있도록 돕는 새로운 동료입니다."

업종별 AI 자동화 완전 가이드

심화 1장

기획서·보고서 작성의 황금 법칙

 **AI로 기획서를 쓰기 전에 알아야 할 3가지**

기획서를 잘 쓰는 사람들은 공통적으로 세 가지를 먼저 합니다. 첫째, 읽는 사람의 관점에서 생각합니다. 둘째, 결론을 먼저 씁니다. 셋째, 숫자로 말합니다. AI를 활용할 때도 이 세 가지 원칙은 그대로 적용됩니다.

원칙 1: 읽는 사람의 관점에서 쓴다

기획서를 읽는 사람은 바쁜 사람입니다. 처음 30초 안에 "이게 왜 필요한가"를 이해하지 못하면 나머지는 읽지 않습니다. AI에게 기획서를 만들어 달라고 할 때도 "읽는 사람은 누구인가"를 반드시 알려주세요.

예시:

"이 기획서는 50대 대표님이 읽을 거야.

AI를 잘 모르는 분이야.

쉬운 말로, 숫자 중심으로 써줘."

원칙 2: 결론을 먼저 쓴다

한국 기획서의 가장 큰 문제는 결론이 마지막에 나온다는 것입니다. 읽는 사람은 결론을 먼저 알고 싶어 합니다. AI에게도 "결론 먼저, 근거 나중"으로 써달라고 지시하세요.

예시:

"결론을 첫 단락에 먼저 써줘.

그 다음에 근거와 실행 계획을 써줘."

원칙 3: 숫자로 말한다

"매출이 오를 것 같습니다"보다 "3개월 안에 매출 15% 향상이 예상됩니다"가 훨씬 설득력 있습니다. AI에게 숫자를 포함해 달라고 요청하세요.

예시:

"모든 기대 효과는 수치로 표현해줘.

'향상될 것이다'가 아니라 '15% 향상'처럼."

 ## 기획서 유형별 작성 가이드

기획서는 목적에 따라 크게 5가지 유형으로 나뉩니다.

유형	목적	핵심 구성 요소	AI 활용 포인트
사업 기획서	새로운 사업 제안	시장 분석, 수익 모델, 실행 계획	시장 규모 추정, 경쟁사 분석
프로젝트 기획서	특정 프로젝트 추진	목적, 일정, 예산, 기대 효과	일정 계획, 위험 요소 분석
마케팅 기획서	마케팅 활동 계획	타깃 분석, 전략, 채널, 예산	콘텐츠 아이디어, 채널 전략
교육 기획서	교육 프로그램 제안	목표, 커리큘럼, 강사, 예산	커리큘럼 설계, 학습 목표
제안서	고객에게 서비스 제안	문제 정의, 솔루션, 비용, 기대 효과	고객 맞춤 내용, ROI 계산

기획서 작성 실전 워크플로우

총 소요 시간: 40분 (기존 3~4시간 → 40분)

다음은 AI를 활용한 기획서 작성의 전체 흐름입니다.

1단계: 아이디어 발굴 (5분)

> [업종/사업]에서 [목표]를 달성하기 위한 아이디어 10개를 만들어줘.
>
> 각 아이디어는 제목(10자) + 핵심 내용(2줄)으로 정리해줘.

2단계: 목차 설계 (5분)

> [선택한 아이디어]로 기획서 목차를 만들어줘.
>
> 5개 섹션, 각 섹션에 들어갈 내용 2~3줄로 설명해줘.

3단계: 자료 조사 (10분)

> [기획서 주제]와 관련된 시장 현황, 트렌드, 통계를 정리해줘.
>
> 출처를 명시하고, 2024~2025년 최신 데이터 중심으로 작성해줘.

4단계: 본문 작성 (15분)

> 다음 목차와 자료를 바탕으로 기획서 본문을 작성해줘.
>
> 목차: [목차]
>
> 자료: [자료]
>
> A4 2페이지, 결론 먼저, 수치 포함, 전문적이지만 읽기 쉽게.

5단계: 검토 및 수정 (5분)

사람이 직접 읽어보고 수정합니다. 특히 수치, 날짜, 고유명사를 확인합니다.

 소상공인 AI 도입 제안서 작성

다음은 실제로 AI를 활용해 제안서를 작성한 사례입니다.

상황: 소상공인 지원 기관에서 "소상공인 AI 교육 프로그램" 제안서를 작성해야 했습니다.

기존 방법: 3일 동안 자료 조사, 2일 동안 작성, 총 5일 소요

AI 활용 방법:

1단계 (아이디어 발굴, 10분): "소상공인 AI 교육 프로그램 아이디어 10개 만들어줘"

2단계 (목차 설계, 10분): "선택한 아이디어로 제안서 목차 만들어줘"

3단계 (자료 조사, 20분): "소상공인 AI 활용 현황, 교육 수요 통계 정리해줘"

4단계 (본문 작성, 30분): "목차와 자료로 제안서 본문 A4 3페이지로 작성해줘"

5단계 (검토, 20분): 사람이 직접 읽고 수정

결과: 총 1.5시간 소요 (기존 5일 → 1.5시간, 97% 절감)

이 사례의 핵심은 AI가 제안서를 혼자 완성한 것이 아니라, 아이디어 발굴부터 목차 설계, 자료 조사, 본문 초안까지 시간을 많이 잡아먹는 단계를 빠르게 줄여주었다는 점입니다. 특히 사람은 마지막 검토와 현장성 보완에 집중하고, AI는 구조화와 초안 작성 속도를 높이는 역할을 맡았기 때문에 짧은 시간 안에 실무형 결과물이 완성될 수 있었습니다. 결국 중요한 것은 AI가 대신 쓰는 것이 아니라, 사람이 더 중요한 판단에 집중하게 만드는 구조입니다.

심화 2장

마케팅 자동화 완전 가이드

 ## 콘텐츠 마케팅의 3가지 핵심 원칙

원칙 1: 고객의 언어로 말한다

고객이 검색하는 단어, 고객이 쓰는 표현을 사용해야 힙니다. AI에게 "우리 고객이 자주 쓰는 표현으로 써줘"라고 지시하세요.

원칙 2: 가치를 먼저 제공한다

팔려고 하기 전에 먼저 도움이 되는 정보를 제공합니다. "오늘의 팁", "알아두면 좋은 것" 같은 콘텐츠가 먼저입니다.

원칙 3: 일관성을 유지한다

매일 올리는 것보다 주 3회 꾸준히 올리는 것이 낫습니다. AI로 미리 콘텐츠를 만들어두면 일관성을 유지할 수 있습니다.

인스타그램 마케팅 완전 자동화

● 월간 콘텐츠 캘린더 만들기

□✕

[로] 너는 소상공인 인스타그램 마케팅 전문가다.

[고] [업종] 가게의 이번 달 인스타그램 콘텐츠 캘린더를 만드는 것이 목표다.

[타]

1) 이번 달 주요 기념일·이벤트 반영

2) 주 3회 게시 (총 12개)

3) 각 게시물: 제목 + 본문(200자) + 해시태그(10개)

4) 콘텐츠 유형 다양하게 (정보형/감성형/이벤트형/후기형)

[루] 과장 표현 금지, 타깃 고객 공감 언어 사용, 날짜·가격 [ ]로 비워두기

[톤] 친근하고 따뜻한 동네 가게 느낌으로 작성해줘.

● 해시태그 전략 자동화

[업종] 가게의 인스타그램 해시태그 전략을 만들어줘.

대형 해시태그 (100만 이상): 5개

중형 해시태그 (10만~100만): 10개

소형 해시태그 (1만~10만): 10개

브랜드 해시태그: 3개

각 해시태그의 예상 노출 효과와 사용 방법도 설명해줘.

● 게시물 성과 분석 자동화

이번 달 인스타그램 게시물 성과를 분석해줘.

[데이터 붙여넣기]

분석 항목:

1) 좋아요·댓글 많은 게시물 TOP 3 (공통점 분석)

2) 해시태그 효과 분석

3) 최적 게시 시간

4) 다음 달 콘텐츠 방향 제안 3가지

 블로그 마케팅 완전 자동화

● SEO 최적화 블로그 포스팅 만들기

[로] 너는 SEO 전문 블로그 작가다.

[고] [주제]에 대한 네이버 블로그 포스팅을 만드는 것이 목표다.

[타]

1) 제목 5개 제안 (검색 최적화)

2) 목차 구성 (5~7개 소제목)

3) 본문 초안 (1500자)

4) 마무리 CTA (방문 유도)

5) 검색 키워드 10개

[루] 키워드 자연스럽게 포함, 전문 용어 최소화, 실용적인 정보 중심

[톤] 전문적이지만 친근한 블로그 톤으로 작성해줘.

● 블로그 포스팅 주제 발굴

[업종]에서 고객들이 자주 검색하는 주제 20개를 만들어줘.

각 주제는 검색 의도(정보형/비교형/구매형)를 표시해줘.

네이버 블로그에 올리기 좋은 순서로 정렬해줘.

 **카카오 채널 마케팅 자동화**

● 카카오 채널 메시지 세트 만들기

카카오 채널 메시지 자동화의 핵심은 메시지를 많이 보내는 것이 아니라, 고객이 부담 없이 읽고 반응할 수 있는 흐름을 꾸준히 만드는 데 있습니다. 특히 AI를 활용하면 환영 메시지, 주간 소식, 이벤트 안내, 재방문 유도처럼 목적이 다른 메시지를 한 번에 정리할 수 있어 운영 속도와 일관성을 높이기에 좋습니다. 결국 사람은 어떤 소식을 언제 보낼지 판단하고, AI는 그 목적에 맞는 문장을 빠르게 확장하는 역할을 맡게 됩니다.

> [업종] 카카오 채널 메시지 세트를 만들어줘.
>
> 1) 신규 친구 추가 환영 메시지
>
> 2) 주간 소식 메시지 (매주 월요일)
>
> 3) 이벤트 안내 메시지
>
> 4) 재방문 유도 메시지
>
> 5) 계절별 인사 메시지 (봄/여름/가을/겨울)
>
> 각 메시지 200자 이내, 이모지 2~3개, 친근하게.

심화 3장

고객 관리 자동화 완전 가이드

 고객 관리의 4단계 사이클

효과적인 고객 관리는 4단계 사이클로 이루어집니다.

1단계: 유치 (Acquisition) 새로운 고객을 처음 만나는 단계이며, 첫인상이 중요합니다.

2단계: 전환 (Conversion) 방문 고객을 구매 고객으로 만드는 단계입니다.

3단계: 유지 (Retention) 한 번 온 고객을 다시 오게 만드는 단계입니다.

4단계: 추천 (Referral) 만족한 고객이 다른 고객을 데려오는 단계입니다.

AI는 이 4단계 각각에서 도움을 줄 수 있습니다.

단계별 고객 관리 자동화

1단계: 신규 고객 유치 자동화

> [업종]에서 신규 고객을 유치하기 위한 전략 5가지를 만들어줘.
>
> 각 전략: 전략명 / 핵심 방법 / 필요 예산 / 기대 효과 / 실행 기간
>
> 현실적인 예산, 소상공인 수준으로 작성해줘.

2단계: 구매 전환 자동화

> [업종]에서 방문 고객을 구매 고객으로 전환하는 방법 5가지를 만들어줘.
>
> 각 방법: 방법명 / 실행 방법 / 예시 / 기대 전환율
>
> 현장에서 바로 적용 가능한 방법으로 작성해줘.

3단계: 단골 고객 유지 자동화

[업종]의 단골 고객 유지 프로그램을 설계해줘.

고객 등급: 일반 / 단골 / VIP

각 등급별: 기준(방문 횟수, 구매 금액) / 혜택 내용 / 소통 방식

표 형식, 실행 가능한 혜택으로 작성해줘.

4단계: 추천 고객 확보 자동화

[업종]에서 기존 고객의 추천을 늘리는 방법 5가지를 만들어줘.

각 방법: 방법명 / 실행 방법 / 인센티브 / 기대 효과

현실적이고 실행 가능한 방법으로 작성해줘.

고객 불만 처리 자동화

고객 불만은 잘 처리하면 오히려 단골 고객이 됩니다. AI로 불만 처리 스크립트를 미리 만들어두세요.

● 불만 유형별 대응 스크립트

[업종]에서 자주 발생하는 고객 불만 5가지와 대응 스크립트를 만들어줘.

불만 유형: 품질 문제 / 서비스 불만 / 가격 불만 / 배송 문제 / 직원 태도

각 유형별 스크립트 구조: 공감 → 사실 확인 → 해결 방안 → 재발 방지 약속

진심 어린 사과, 책임감 있는 태도, 고객 신뢰 회복 중심으로 작성해줘.

심화 4장

보고서 자동화 완전 가이드

 ## 보고서의 종류와 특징

직장인과 사업주가 가장 많이 쓰는 보고서 유형을 정리했습니다.

보고서 유형	주기	핵심 내용	AI 활용 포인트
일일 업무 보고	매일	오늘 한 일, 내일 할 일	5분 만에 생성
주간 업무 보고	매주	주요 성과, 이슈, 다음 주 계획	10분 만에 생성
월간 성과 보고	매월	목표 달성률, 분석, 다음 달 계획	20분 만에 생성
분기 경영 보고	분기별	매출, 비용, 이익, 전략	1시간 만에 생성
프로젝트 보고	수시	진행 현황, 이슈, 다음 단계	15분 만에 생성
분석 보고	수시	데이터 분석, 인사이트, 제안	30분 만에 생성

보고서 자동화 실전 프롬프트 세트

● 일일 업무 보고서 (5분)

□ ✕

오늘 업무 내용을 바탕으로 일일 보고서를 만들어줘.

[오늘 한 일 메모 붙여넣기]

형식: 오늘 완료한 일 / 진행 중인 일 / 내일 할 일 / 특이사항

A4 반 페이지, 간결하게, 표 형식으로 작성해줘.

● 주간 업무 보고서 (10분)

이번 주 업무 내용으로 주간 보고서를 만들어줘.

[이번 주 업무 내용 붙여넣기]

형식: 주요 성과 3가지 / 진행 중 업무 / 이슈 및 해결 방안 / 다음 주 계획

A4 1페이지, 수치 포함, 표 형식으로 작성해줘.

● 월간 성과 보고서 (20분)

이번 달 데이터로 월간 성과 보고서를 만들어줘.

[데이터 붙여넣기]

형식: 핵심 성과 요약 / 전월 대비 변화 표 / 목표 달성률 / 주요 이슈 / 다음 달 계획

A4 2페이지, 수치 포함, 표와 그래프 설명 포함으로 작성해줘.

● 데이터 분석 보고서 (30분)

다음 데이터를 분석한 보고서를 만들어줘.

[데이터 붙여넣기]

분석 항목: 주요 패턴 / 이상치 / 원인 분석 / 개선 방향 3가지

표 형식, 데이터 기반 객관적 분석, 실행 가능한 제안으로 작성해줘.

 보고서 자동화 루틴 만들기

● 매일 아침 5분 보고서 루틴

매일 아침 출근하면 다음 순서로 5분 안에 일일 보고서를 만듭니다.

1. 어제 한 일 메모 (1분)

2. AI에게 붙여넣기 (1분)

3. 생성된 보고서 검토 (2분)

4. 수정 및 전송 (1분)

● 매주 월요일 30분 주간 보고서 루틴

매주 월요일 아침 30분을 투자해서 주간 보고서를 만듭니다.

1. 지난 주 업무 내용 정리 (10분)

2. AI에게 붙여넣기 (2분)

3. 생성된 보고서 검토 및 수정 (15분)

4. 팀 공유 (3분)

보고서 자동화 루틴의 핵심은 한 번 잘 만드는 것이 아니라, 누구나 반복할 수 있는 순서로 습관화하는 데 있습니다. 특히 아침 5분, 주간 30분처럼 시간을 고정해두면 보고서 작성이 부담스러운 일이 아니라 자연스러운 업무 흐름이 됩니다. 결국 중요한 것은 오래 고민하는 것이 아니라, 기록 → 정리 → 검토 → 공유의 루틴을 꾸준히 이어가는 것입니다.

업종별 AI 자동화 심화 사례

 ## 카페·음식점 AI 자동화 심화 사례

사례 1   서울 강남구 카페 A

이 카페는 AI를 도입하기 전에 인스타그램 게시물을 주 1회 올리는 것도 힘들었습니다. AI를 도입한 후 주 5회로 늘렸고, 팔로워가 3개월 만에 500명에서 2,000명으로 증가했습니다. 비결은 간단했습니다. 매주 월요일 아침 30분을 투자해서 그 주의 콘텐츠 5개를 AI로 만들어두는 것이었습니다.

사례 2   부산 해운대 음식점 B

이 음식점은 고객 리뷰 답글을 AI로 자동화했습니다. 하루 평균 10개의 리뷰에 답글을 달아야 했는데, 기존에는 1시간이 걸렸습니다. AI 도입 후 10분으로 줄었습니다. 더 중요한 것은 답글의 품질이 높아졌다는 것입니다. AI가 만든 답글은 항상 감사 인사 + 구체적인 언급 + 재방문 유도 구조를 갖추고 있어서 고객 만족도가 높아졌습니다.

온라인 쇼핑몰 AI 자동화 심화 사례

사례 3   경기도 성남 온라인 쇼핑몰 C

이 쇼핑몰은 상품 설명 작성에 AI를 활용했습니다. 기존에는 상품 1개 설명 작성에 1시간이 걸렸습니다. AI 도입 후 10분으로 줄었고, 하루에 처리할 수 있는 상품 수가 5배 증가했습니다. 특히 AI가 만든 상품 설명은 SEO 최적화가 잘 되어 있어서 네이버 쇼핑 검색 노출이 30% 증가했습니다.

 학원 AI 자동화 심화 사례

사례 4 / 서울 노원구 영어 학원 D

이 학원은 학부모 공지문과 뉴스레터 작성에 AI를 활용했습니다. 기존에는 원장님이 직접 작성하는 데 매주 2시간이 걸렸습니다. AI 도입 후 20분으로 줄었습니다. 더 중요한 것은 공지문의 품질이 높아졌다는 것입니다. AI가 만든 공지문은 항상 핵심 정보 + 친절한 설명 + 문의처 안내 구조를 갖추고 있어서 학부모 만족도가 높아졌습니다.

이 사례의 핵심은 단순히 작성 시간을 줄인 것이 아니라, 학부모가 읽기 쉽고 신뢰할 수 있는 공지문 구조를 꾸준히 유지하게 되었다는 점입니다. 특히 AI를 활용하면 핵심 정보, 친절한 설명, 문의처 안내를 빠르게 정리할 수 있어 원장님은 내용을 다시 처음부터 쓰는 대신 최종 확인과 학원 상황 반영에 집중할 수 있습니다. 결국 AI는 공지문의 속도와 일관성을 높이고, 사람은 신뢰와 현장성을 더하는 역할을 맡게 됩니다.

AI 프롬프트 고급 기법

 **프롬프트 고급 기법 5가지**

기본 프롬프트를 익혔다면 이제 고급 기법을 배울 차례입니다.

고급 기법 1: 역할 전환 (Role Switching)

같은 주제를 다른 역할로 바라보면 더 다양한 관점을 얻을 수 있습니다.

예시:

"이 기획서를 투자자 관점에서 검토해줘."

"이 기획서를 고객 관점에서 검토해줘."

"이 기획서를 경쟁사 관점에서 검토해줘."

고급 기법 2: 단계적 심화 (Progressive Deepening)

처음에는 넓게, 점점 좁혀가는 방식입니다.

1단계: "카페 마케팅 전략 10가지 만들어줘."

2단계: "그 중 3번 전략을 더 자세히 설명해줘."

3단계: "그 전략을 우리 카페에 맞게 구체화해줘."

고급 기법 3: 비교 분석 (Comparative Analysis)

두 가지 옵션을 비교하면 더 좋은 결정을 내릴 수 있습니다.

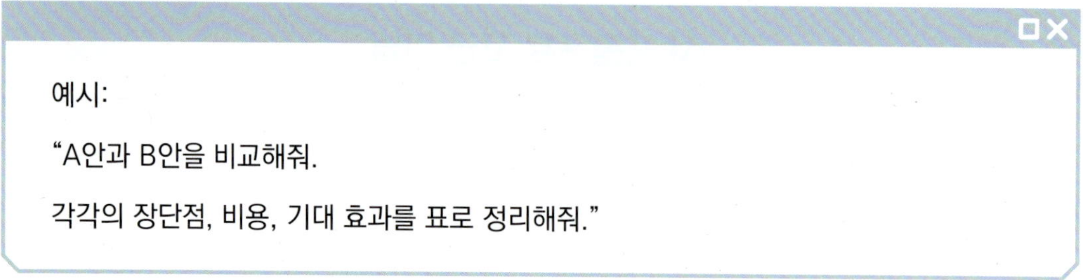

고급 기법 4: 역발상 (Reverse Thinking)

"왜 안 되는가"를 먼저 생각하면 더 강한 기획서가 됩니다.

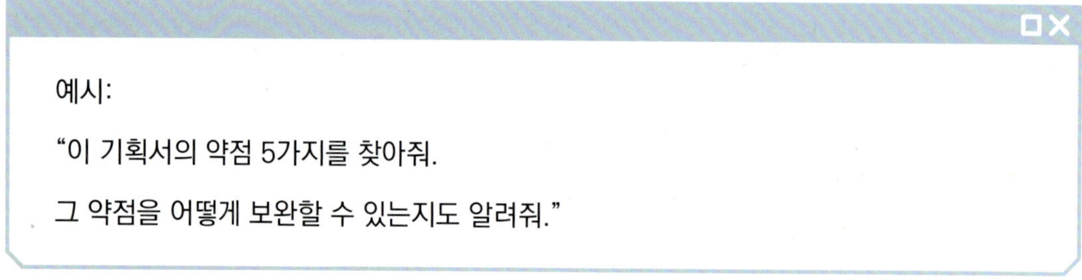

고급 기법 5: 페르소나 기반 작성 (Persona-based Writing)

특정 독자를 구체적으로 설정하면 더 맞춤화된 결과가 나옵니다.

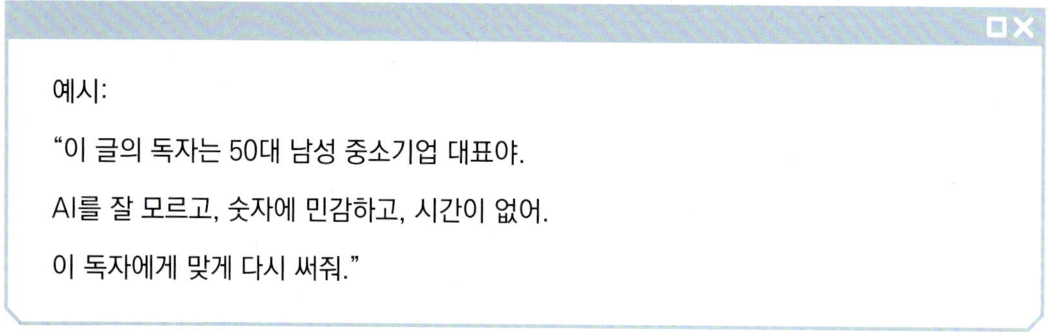

AI 결과가 마음에 안 들 때 사용하는 수정 프롬프트 모음입니다.

● **결과가 너무 길 때**

□×

"더 간결하게 줄여줘. A4 1페이지 이내로."

"핵심만 남기고 나머지는 삭제해줘."

● **결과가 너무 딱딱할 때**

□×

"더 자연스럽고 친근하게 바꿔줘."

"전문 용어를 쉬운 말로 바꿔줘."

● **결과가 너무 일반적일 때**

□×

"우리 [업종] 상황에 맞게 구체화해줘."

"실제 예시를 3개 더 넣어줘."

● **결과에 수치가 없을 때**

□×

"모든 효과를 수치로 표현해줘."

"구체적인 숫자와 퍼센트를 넣어줘."

● **결과의 구조가 마음에 안 들 때**

□×

"표 형식으로 다시 정리해줘."

"번호를 매겨서 단계별로 정리해줘."

심화 7장

AI 자동화 성과 측정 방법

 AI 도입 효과를 측정하는 3가지 기준

AI를 도입한 후 효과를 측정하는 방법을 알아야 합니다. 다음 세 가지 기준으로 측정하세요.

기준 1: 시간 절감 (Time Saving)

가장 직접적인 효과입니다. AI 도입 전후의 업무 시간을 비교합니다.

측정 방법:

- AI 도입 전: 각 업무별 소요 시간 기록 (1주일)

- AI 도입 후: 같은 업무별 소요 시간 기록 (1주일)

- 절감률 계산: (도입 전 − 도입 후) / 도입 전 × 100%

기준 2: 품질 향상 (Quality Improvement)

시간만 줄어드는 것이 아니라 품질도 높아져야 합니다.

측정 방법:

- 고객 만족도 변화

- 콘텐츠 반응률 변화 (좋아요, 댓글, 공유)

- 보고서 수정 횟수 변화

- 오류 발생 빈도 변화

기준 3: 비즈니스 성과 (Business Impact)

궁극적으로 매출과 이익에 영향을 미쳐야 합니다.

측정 방법:

– 매출 변화 (월별 비교)

– 신규 고객 수 변화

– 단골 고객 비율 변화

– 콘텐츠 생산량 변화

 AI 도입 성과 측정 템플릿

다음 템플릿을 활용해서 매월 AI 도입 성과를 측정하세요.

측정 항목	도입 전	1개월 후	3개월 후	변화율
기획서 작성 시간				
마케팅 콘텐츠 수				
고객 응대 시간				
보고서 작성 시간				
월 매출				
신규 고객 수				
고객 만족도				

 AI 도입 성과 보고서 자동화

AI 도입 성과 보고서의 핵심은 "도입했다"는 사실을 보여주는 것이 아니라, 무엇이 얼마나 좋아졌고 다음에 무엇을 해야 하는지를 숫자와 실행 계획으로 보여주는 데 있습니다. 특히 업무 시간 절감, 콘텐츠 생산량, 고객 응대 품질, 매출 변화, ROI를 함께 정리하면 경영진이 효과를 한눈에 이해하기 쉬워집니다. 결국 사람은 결과의 의미를 해석하고 다음 투자 방향을 결정하고, AI는 데이터를 빠르게 정리해 보고서 구조로 만드는 역할을 맡게 됩니다.

우리 가게/회사의 AI 도입 성과를 분석한 보고서를 만들어줘.

[성과 데이터 붙여넣기]

분석 항목:

1) 업무 시간 절감 현황 (업무별 표)

2) 콘텐츠 생산량 변화

3) 고객 응대 품질 변화

4) 매출 변화 (AI 도입 전후 비교)

5) 투자 대비 효과 (ROI)

6) 다음 단계 제안 3가지

표 형식, 수치 포함, 경영진 보고용 톤으로 작성해줘.

나만의 AI 자동화 시스템 구축하기

AI 자동화 시스템의 3가지 구성 요소

효과적인 AI 자동화 시스템은 세 가지 요소로 구성됩니다.

요소 1: 프롬프트 라이브러리

잘 작동하는 프롬프트를 모아둔 저장소입니다. 구글 드라이브, 노션, 에버노트 등 어디든 좋습니다. 중요한 것은 팀 전체가 접근할 수 있어야 한다는 것입니다.

● **프롬프트 라이브러리 구성 방법**

요소 2: 자동화 루틴

언제, 어떤 업무를 AI로 처리할지 정해두는 것입니다.

시간	루틴	소요 시간
매일 아침	일일 업무 계획 생성	5분
매일 저녁	일일 보고서 생성	5분
매주 월요일	주간 콘텐츠 캘린더 생성	30분
매주 금요일	주간 보고서 생성	10분
매월 첫째 주	월간 성과 보고서 생성	30분
매월 첫째 주	다음 달 마케팅 계획 생성	30분

요소 3: 검수 프로세스

AI 결과물을 검토하고 수정하는 프로세스입니다.

검수 체크리스트:

☐ 수치·날짜·고유명사 확인

☐ 브랜드 톤에 맞는지 확인

☐ 개인정보 포함 여부 확인

☐ 법적·윤리적 문제 없는지 확인

☐ 최종 검토 후 사용

 ## 나만의 AI 자동화 시스템 설계하기

다음 프롬프트로 나만의 AI 자동화 시스템을 설계해보세요.

너는 AI 업무 자동화 컨설턴트야.

다음 정보를 바탕으로 나만의 AI 자동화 시스템을 설계해줘.

업종: [업종]

직원 수: [명]

현재 가장 힘든 업무 TOP 3: [업무 목록]

AI 경험 수준: [없음/초보/중급]

목표: [목표]

설계 내용:

1) 자동화 우선순위 업무 5가지

2) 각 업무별 프롬프트 초안

3) 일일/주간/월간 AI 루틴

4) 프롬프트 라이브러리 구조

5) 3개월 실행 계획

이 심화 내용을 통해 AI 자동화의 더 깊은 부분을 이해했습니다. 이제 여러분만의 AI 자동화 시스템을 구축할 준비가 되었습니다.

기억하세요. AI는 도구입니다. 도구를 잘 쓰는 사람이 더 좋은 결과를 만듭니다. 이 책에서 배운 로고타루톤 프레임워크와 프롬프트 작성법을 꾸준히 연습하면, 여러분도 AI를 자유자재로 활용하는 전문가가 될 수 있습니다.

"AI를 쓰는 사람과 쓰지 않는 사람의 차이는 1년 후 업무 생산성 3배의 차이가 됩니다."

지금 당장 시작하세요.

실전 워크시트

지금 바로 해보는 AI 자동화 실습

● 워크시트 1 : 나의 AI 자동화 현황 진단

이 워크시트를 작성하면 현재 어떤 업무에 AI를 가장 먼저 적용해야 하는지 알 수 있습니다.

1단계: 업무 목록 작성

지난 한 주 동안 한 업무를 모두 적어보세요.

업무 이름	주당 소요 시간	반복 여부	스트레스 수준 (1~5)

2단계: AI 적용 가능성 평가

위 업무 중 다음 기준에 해당하는 업무에 체크하세요.

☐ 매주 반복되는 업무

☐ 글쓰기가 포함된 업무

☐ 데이터 정리가 포함된 업무

☐ 분석 보고가 포함된 업무

☐ 고객 응대가 포함된 업무

☐ 기획서·제안서 작성이 포함된 업무

3단계: 우선순위 결정

체크한 업무 중 (소요 시간 × 반복 횟수)가 가장 큰 업무 3개를 선택하세요.

1순위 : ________________________

2순위 : ________________________

3순위 : ________________________

4단계: 첫 번째 자동화 목표 설정

1순위 업무를 AI로 자동화했을 때 기대하는 효과를 적어보세요.

• 현재 소요 시간: ______ 시간/주

• 목표 소요 시간: ______ 시간/주

• 절감 시간: ______ 시간/주

• 연간 절감 시간: ______ 시간/년

● **워크시트 2 : 나만의 첫 번째 프롬프트 만들기**

로고타루톤 형식으로 나만의 첫 번째 프롬프트를 만들어보세요.

• 자동화할 업무 선택

업무 이름: _______________________________

• 로고타루톤 작성

[로] 역할 설정

AI에게 어떤 역할을 줄 것인지 적어보세요.

예시: "너는 10년 경력의 마케팅 전문가다."

나의 역할 설정: _______________________

[고] 목표 설정

이 프롬프트로 무엇을 만들 것인지 적어보세요.

예시: "카페 신메뉴 홍보 문구를 만드는 것이 목표다."

나의 역할 설정: _______________________

[타] 과제 설정

구체적으로 무엇을 만들어야 하는지 적어보세요.

예시:

1) 인스타그램용 200자 홍보 문구 3개

2) 카카오 채널용 100자 메시지 2개

3) 해시태그 10개

나의 과제:

[루] 규칙 설정

AI가 반드시 지켜야 할 규칙을 적어보세요.

예시: "과장 표현 금지, 가격은 [ ]로 비워두기, 이모지 2개 이하"

나의 규칙: ______________________________

[톤] 톤 설정

어떤 느낌으로 써야 하는지 적어보세요.

예시: "친근하고 따뜻한 동네 카페 느낌으로 작성해줘."

나의 톤: ______________________________

• 완성된 프롬프트

위 내용을 합쳐서 완성된 프롬프트를 적어보세요.

[로]

[고]

[타]

[루]

[톤]

● 워크시트 3 : 30일 AI 자동화 실천 계획

1주차: 기초 다지기

날짜	실천 목표	완료 여부
1일	ChatGPT 가입 및 첫 프롬프트 테스트	☐
2일	로고타루톤 형식으로 프롬프트 1개 작성	☐
3일	가장 자주 쓰는 업무 1개 자동화	☐
4일	자동화 결과 검토 및 수정	☐
5일	프롬프트 라이브러리 폴더 만들기	☐
6일	이번 주 성과 정리	☐
7일	휴식 및 복습	☐

2주차: 마케팅 자동화

날짜	실천 목표	완료 여부
8일	인스타그램 게시물 3개 자동 생성	☐
9일	블로그 포스팅 1개 자동 생성	☐
10일	고객 FAQ 자동 생성	☐
11일	리뷰 답글 템플릿 5개 자동 생성	☐
12일	이메일 뉴스레터 자동 생성	☐
13일	이번 주 마케팅 콘텐츠 성과 분석	☐
14일	휴식 및 복습	☐

3주차: 보고서 자동화

날짜	실천 목표	완료 여부
15일	일일 업무 보고서 자동 생성	☐
16일	주간 업무 보고서 자동 생성	☐
17일	월간 성과 보고서 자동 생성	☐
18일	데이터 분석 보고서 자동 생성	☐
19일	회의록 자동 생성	☐
20일	이번 주 보고서 자동화 성과 정리	☐
21일	휴식 및 복습	☐

4주차: 기획·제안 자동화

날짜	실천 목표	완료 여부
22일	기획서 목차 자동 생성	☐
23일	기획서 본문 자동 생성	☐
24일	제안서 자동 생성	☐
25일	SWOT 분석 자동 생성	☐
26일	사업계획서 핵심 섹션 자동 생성	☐
27일	30일 AI 자동화 성과 정리	☐
28일	다음 달 AI 자동화 계획 수립	☐

● **워크시트 4 :** AI 자동화 성과 기록표

매월 이 표를 작성하여 AI 자동화의 효과를 측정하세요.

• 시간 절감 기록

업무	자동화 전 (분/회)	자동화 후 (분/회)	절감 시간	월간 절감 시간
합계				

• 콘텐츠 생산량 기록

콘텐츠 유형	자동화 전 (개/월)	자동화 후 (개/월)	증가율
인스타그램 게시물			
블로그 포스팅			
이메일/뉴스레터			
보고서			
기획서/제안서			

- 비즈니스 성과 기록

지표	자동화 전	자동화 후	변화율
월 매출			
신규 고객 수			
고객 만족도			
팔로워 수			
리뷰 수			

● 워크시트 5 : 팀 AI 자동화 도입 계획서

팀이나 직원이 있는 분들을 위한 AI 도입 계획서 작성 가이드입니다.

• 현황 파악

팀 규모: _____명

현재 가장 많은 시간이 걸리는 팀 업무 TOP 5:

____

팀원들의 AI 경험 수준:

• AI를 써본 적 없음: _____명

• 가끔 써봤음: _____명

• 자주 씀: _____명

• 도입 계획

1개월차 목표: _______________________________

3개월차 목표: _______________________________

6개월차 목표: _______________________________

• 교육 계획

교육 내용	대상	일정	담당자
AI 기초 교육 (1시간)	전 직원		
프롬프트 작성법 교육 (2시간)	전 직원		
업무별 자동화 실습 (3시간)	업무별		
고급 활용법 교육 (2시간)	관심자		

• 성과 측정 계획

측정 주기:　□ 주간　　　□ 월간　　　□ 분기별

측정 담당자: _______________________________

성과 공유 방법: _____________________________

업종별 AI 자동화 성공 스토리

● 사례 1 : 1인 컨설턴트의 AI 자동화 성공기

주인공: 경영 컨설턴트 김 모 씨 (40대, 1인 기업)

도입 전 상황:

- 제안서 1개 작성에 3일 소요
- 보고서 작성에 하루 종일 소요
- 마케팅 콘텐츠 없어서 신규 고객 유입 없음
- 야근이 일상화

AI 도입 과정:

1개월 차: ChatGPT 기초 학습, 제안서 작성 자동화

2개월 차: 보고서 작성 자동화, 블로그 포스팅 자동화

3개월 차: 전체 업무 프로세스 자동화 완성

도입 후 성과:

- 제안서 작성: 3일 → 4시간 (87% 절감)
- 보고서 작성: 1일 → 2시간 (75% 절감)
- 블로그 포스팅: 월 0개 → 월 8개
- 신규 고객 문의: 월 0건 → 월 5건
- 야근: 주 4회 → 주 0회

핵심 비결:

"처음에는 AI가 만든 글이 어색했어요. 하지만 3번 수정하면 제 스타일이 나왔습니다. 지금은 AI 없이는 일을 못 할 것 같아요."

● 사례 2 : 소상공인 카페의 AI 마케팅 성공기

주인공: 카페 운영자 이 모 씨 (30대, 직원 2명)

도입 전 상황

- 인스타그램 주 1회 업로드도 힘듦
- 리뷰 답글 달기 귀찮아서 방치
- 신메뉴 홍보 문구 쓰는 데 1시간 소요
- SNS 팔로워 정체

AI 도입 과정

1주 차: 인스타그램 게시물 자동화

2주 차: 리뷰 답글 자동화

3주 차: 신메뉴 홍보 문구 자동화

4주 차: 월간 콘텐츠 캘린더 자동화

도입 후 성과 (3개월)

- 인스타그램 업로드: 주 1회 → 주 5회
- 팔로워: 500명 → 2,100명 (320% 증가)
- 리뷰 답글 시간: 1시간/일 → 10분/일
- 신메뉴 홍보 문구: 1시간 → 10분
- 월 매출: 15% 증가

핵심 비결

"매주 월요일 아침 30분을 투자해서 그 주의 콘텐츠 5개를 미리 만들어요. 그러면 나머지 시간은 손님 응대에 집중할 수 있어요."

● 사례 3 : 중소기업 마케팅팀의 AI 도입 성공기

주인공: 마케팅팀장 박 모 씨 (40대, 팀원 5명)

도입 전 상황

- 월간 보고서 작성에 팀 전체가 2일 소요
- 마케팅 기획서 작성에 1주일 소요
- 콘텐츠 제작 외주 비용 월 200만 원
- 팀원들 야근 잦음

AI 도입 과정

1개월 차: 팀 전체 AI 기초 교육 (2시간)

2개월 차: 보고서 자동화 도입

3개월 차: 기획서·콘텐츠 자동화 도입

도입 후 성과 (6개월)

- 월간 보고서: 2일 → 4시간 (75% 절감)
- 마케팅 기획서: 1주일 → 1일 (80% 절감)
- 콘텐츠 외주 비용: 월 200만 원 → 월 50만 원 (75% 절감)
- 팀원 야근: 주 3회 → 주 0.5회
- 콘텐츠 생산량: 2배 증가

핵심 비결

"처음에는 팀원들이 AI를 거부했어요. 하지만 제가 먼저 써서 보여주니까 하나둘 따라오더라고요. 지금은 팀 전체가 AI 없이는 일을 못 해요."

● 사례 4 : 학원 원장의 AI 행정 자동화 성공기

주인공: 영어 학원 원장 최 모 씨 (50대, 강사 3명)

도입 전 상황

- 학부모 공지문 작성에 매주 2시간 소요

- 수업 계획서 작성에 매주 3시간 소요

- 시험 문제 출제에 매월 1일 소요

- 행정 업무에 치여 교육에 집중 못함

AI 도입 과정

1개월 차: 학부모 공지문 자동화

2개월 차: 수업 계획서 자동화

3개월 차: 시험 문제 자동화

도입 후 성과 (3개월)

- 학부모 공지문: 2시간/주 → 20분/주 (83% 절감)

- 수업 계획서: 3시간/주 → 30분/주 (83% 절감)

- 시험 문제: 1일/월 → 2시간/월 (75% 절감)

- 교육 집중 시간: 주 5시간 증가

- 학부모 만족도: 4.2점 → 4.7점 (5점 만점)

핵심 비결

"AI가 만든 공지문이 제가 쓴 것보다 더 잘 쓰여 있어서 처음에 놀랐어요. 이제는 AI가 초안을 만들면 제가 약간 수정해서 씁니다."

● 사례 5 : 1인 쇼핑몰 운영자의 AI 상품 관리 성공기

주인공: 온라인 쇼핑몰 운영자 정 모 씨 (30대, 1인 운영)

도입 전 상황

- 상품 설명 작성에 상품당 1시간 소요
- CS 답변에 하루 2시간 소요
- 상품 리뷰 분석 안 함
- 신상품 등록 속도 느림

AI 도입 과정

1주 차: 상품 설명 자동화

2주 차: CS 답변 자동화

3주 차: 리뷰 분석 자동화

4주 차: 광고 문구 자동화

도입 후 성과 (3개월)

- 상품 설명: 1시간/개 → 10분/개 (83% 절감)
- CS 답변: 2시간/일 → 20분/일 (83% 절감)
- 신상품 등록: 주 5개 → 주 25개 (5배 증가)
- 검색 노출: 30% 증가
- 월 매출: 40% 증가

핵심 비결

"상품 설명을 AI로 만들면 SEO 최적화가 자동으로 돼요. 검색 노출이 늘어나니까 매출도 자연스럽게 올랐어요."

AI 자동화 성공을 위한 10가지 원칙

이 책을 마무리하면서 AI 자동화 성공을 위한 10가지 원칙을 정리합니다.

원칙 1: 작게 시작하라.

처음부터 모든 것을 자동화하려 하지 마세요. 가장 귀찮은 업무 1개부터 시작하세요.

원칙 2: 완벽함을 기대하지 마라.

AI는 80% 완성도의 초안을 만들어줍니다. 나머지 20%는 사람이 채웁니다.

원칙 3: 꾸준히 수정하라.

프롬프트는 처음부터 완벽하지 않습니다. 쓸수록 좋아집니다.

원칙 4: 팀과 함께하라.

혼자 쓰는 것보다 팀 전체가 함께 쓰면 효과가 10배입니다.

원칙 5: 검수를 빠뜨리지 마라.

AI 결과물은 반드시 사람이 검토해야 합니다. 특히 수치와 날짜를 확인하세요.

원칙 6: 프롬프트를 저장하라.

잘 작동하는 프롬프트는 반드시 저장해두세요. 나중에 큰 자산이 됩니다.

원칙 7: 성과를 측정하라. 시간 절감, 품질 향상, 매출 변화를 꾸준히 기록하세요.

원칙 8: 개인정보를 입력하지 마라. 고객 이름, 연락처, 주소 등 개인 정보는 절대 입력하지 마세요.

원칙 9: 최신 정보를 확인하라. AI는 최신 정보를 모를 수 있습니다. 중요한 수치는 꼭 확인하세요.

원칙 10: 즐겨라. AI는 도구입니다. 도구를 즐겁게 쓰는 사람이 더 창의적인 결과를 만듭니다.

"AI를 쓰는 것이 목표가 아닙니다. AI로 더 중요한 일에 집중하는 것이 목표입니다."

이 책을 읽은 여러분은 이제 AI 자동화의 기초를 갖추었습니다. 오늘부터 하나씩 실천해보세요. 1개월 후에는 분명히 달라진 자신을 발견하게 될 것입니다.

 **AI 시대의 새로운 역량**

AI 시대에 중요한 역량은 무엇일까요? 저자들이 현장에서 경험한 바를 정리하면 다음과 같습니다.

역량 1: 질문하는 능력

AI를 잘 쓰는 사람은 질문을 잘 합니다. "AI야, 기획서 써줘"가 아니라 "AI야, 50대 대표님이 읽을 소상공인 AI 교육 프로그램 기획서를 써줘. 수치 중심으로, 결론 먼저, A4 2페이지로" 처럼 구체적으로 질문합니다.

질문하는 능력은 학교에서 잘 가르쳐주지 않습니다. 하지만 AI 시대에는 이것이 가장 중요한 역량 중 하나입니다. 이 책을 통해 질문하는 능력을 키우셨기를 바랍니다.

역량 2: 판단하는 능력

AI가 만든 결과물을 그대로 쓰면 안 됩니다. "이게 맞는가? 우리 상황에 적합한가? 수치는 정확한가?" 판단하는 능력이 필요합니다.

AI는 도구입니다. 도구를 잘 쓰려면 도구의 한계를 알아야 합니다. AI의 한계를 알고, 사람이 판단해야 할 부분을 구분하는 능력이 AI 시대의 핵심 역량입니다.

역량 3: 편집하는 능력

AI가 만든 80% 완성도의 결과물을 100%로 만드는 것은 사람의 몫입니다. 편집하는 능력, 즉 "이 부분은 더 구체적으로, 이 부분은 더 간결하게, 이 부분은 우리 브랜드 톤에 맞게" 수정하는 능력이 중요합니다.

편집 능력은 글쓰기 능력과 다릅니다. AI 시대에는 처음부터 잘 쓰는 것보다 AI가 만든 것을 잘 수정하는 능력이 더 중요해지고 있습니다.

 AI 자동화의 미래

AI는 앞으로 더 빠르게 발전할 것입니다. 지금 이 책을 읽는 시점에서 AI는 이미 글쓰기, 이미지 생성, 코딩, 데이터 분석 등 다양한 분야에서 인간 수준의 성능을 보이고 있습니다.

하지만 AI가 대체할 수 없는 것들도 있습니다.

AI가 대체할 수 없는 것

- 고객과의 진심 어린 관계
- 현장 경험에서 나오는 직관
- 창의적인 아이디어의 씨앗
- 윤리적 판단
- 공감과 감성

AI는 이런 것들을 지원하는 도구입니다. AI를 잘 활용하면 이런 것들에 더 집중할 수 있습니다.

다음 단계로 나아가기

이 책을 읽었다면 이제 다음 단계로 나아갈 준비가 되었습니다.

1단계: 오늘 당장 시작하기 이 책에서 가장 마음에 드는 프롬프트 1개를 골라서 지금 바로 써보세요.

2단계: 30일 실천하기 이 책의 워크시트를 활용해서 30일 동안 꾸준히 실천하세요.

3단계: 팀과 공유하기 효과가 있는 프롬프트를 팀과 공유하세요. 함께하면 10배 빠릅니다.

4단계: 계속 업데이트하기 AI는 계속 발전합니다. 새로운 AI 도구가 나오면 배우고 적용하세요.

업무별로 바로 쓰는 실전 프롬프트 모음

특별 부록 01

기획·보고서 프롬프트 20선

이 섹션에는 기획서, 보고서, 분석 문서를 작성할 때 바로 쓸 수 있는 프롬프트 20개를 정리했습니다. 각 프롬프트는 로고타루톤으로 작성되어 있으며, 대괄호 [ ] 안의 내용만 바꾸어 사용하면 됩니다.

① 사업 기획서 목차 자동 생성

[로] 너는 20년 경력의 사업기획 전문가야.

[고] [사업명]의 기획서 목차를 3개 버전(A/B/C안)으로 만드는 것이 목표야.

[타]

1) A안: 문제 중심 구성

2) B안: 솔루션 중심 구성

3) C안: 시장 기회 중심 구성

각 버전은 5개 섹션, 각 섹션에 들어갈 내용 2~3줄 설명

[루] 논리적 흐름 필수, 실행 가능한 구조, 중복 섹션 금지

[톤] 전문적이지만 읽기 쉬운 비즈니스 기획서 톤으로 작성해줘.

② 기획서 본문 자동 생성

[로] 너는 10년 경력의 사업기획 전문가야.

[고] 다음 목차에 맞춰 [사업명] 기획서 초안을 A4 2페이지 분량으로 작성하는 것이 목표야.

목차: [목차 내용]

[타]

1) 각 섹션별 핵심 내용 작성

2) 수치와 근거 포함

3) 실행 계획 구체화

[루] 문제→근거→전략→실행→기대효과 순서, 수치 포함, 과장 금지

[톤] 전문적이지만 읽기 쉬운 비즈니스 기획서 톤으로 작성해줘.

③ 주간 업무 보고서 자동 생성

[로] 너는 경영 보고서 전문가야.

[고] 이번 주 업무 내용을 정리한 주간 보고서를 만드는 것이 목표야.

[타]

1) 주요 성과 3가지 (수치 포함)

2) 진행 중 업무 현황 (표 형식)

3) 이슈 및 해결 방안

4) 다음 주 계획

[루] A4 1페이지 이내, 표 형식, 수치 포함, 중복 금지

[톤] 명확하고 간결한 보고서 톤으로 작성해줘.

④ 월간 성과 분석 보고서

[로] 너는 경영 분석 전문가야.

[고] 이번 달 데이터를 기반으로 월간 성과 보고서를 만드는 것이 목표야.

[타]

1) 핵심 성과 요약 (3가지)

2) 전월 대비 변화 표

3) 목표 달성률 분석

4) 주요 이슈 및 원인 분석

5) 다음 달 개선 방향 3가지

[루] A4 2페이지, 수치 포함, 표 형식, 원인 분석 필수

[톤] 전문적이지만 읽기 쉬운 경영 보고서 톤으로 작성해줘.

⑤ 사업계획서 핵심 섹션 자동 생성

□×

[로] 너는 사업계획서 전문 컨설턴트야.

[고] [사업명]의 사업계획서 핵심 섹션을 만드는 것이 목표야.

[타]

1) 사업 개요 (300자)

2) 시장 분석 (규모, 트렌드, 경쟁 현황)

3) 차별화 전략 3가지

4) 수익 모델 (구체적 수치 포함)

5) 실행 계획 (3개월/6개월/1년)

[루] 구체적인 수치 포함, 현실적인 계획, 투자자 관점

[톤] 신뢰감 있는 전문 사업계획서 톤으로 작성해줘.

⑥ 제안서 자동 생성

□×

[로] 너는 제안서 전문가야.

[고] 다음 제안서 내용을 1페이지 요약으로 만드는 것이 목표야.

[타]

1) 핵심 문제 (2줄)

2) 우리의 솔루션 (3줄)

3) 기대 효과 (3가지)

4) 요청 사항 (1줄)

[루] 총 300자 이내, 간결하게, 중복 금지

[톤] 신뢰감 있는 제안서 톤으로 작성해줘.

⑦ SWOT 분석 자동 생성

[로] 너는 경영 분석 전문가야.

[고] [회사명/사업명]의 SWOT 분석을 만드는 것이 목표야.

[타]

1) 강점(S) 5가지 (각 2~3줄)

2) 약점(W) 5가지 (각 2~3줄)

3) 기회(O) 5가지 (각 2~3줄)

4) 위협(T) 5가지 (각 2~3줄)

[루] 표 형식, 수치 포함, 객관적 분석, 과장 금지

[톤] 전략 컨설턴트 톤으로 작성해줘.

⑧ 기대 효과·ROI 자동 생성

[로] 너는 투자 분석 전문가야.

[고] [프로젝트/사업]의 기대 효과를 정리하는 것이 목표야.

[타]

1) 단기 효과 (3개월)

2) 중기 효과 (6개월)

3) 장기 효과 (1년)

각 기간별 정량적 효과(수치)와 정성적 효과(품질 변화) 포함

[루] 표 형식, 현실적인 수치, 투자자 관점

[톤] 투자 분석 보고서 톤으로 작성해줘.

⑨ 리스크 보고서 자동 생성

[로] 너는 리스크 관리 전문가야.

[고] [사업/프로젝트]의 리스크 분석 보고서를 만드는 것이 목표야.

[타]

1) 리스크 유형 5가지

2) 각 리스크 발생 가능성 및 영향도

3) 예방 방안

4) 발생 시 대응 방안

5) 우선순위 정렬

[루] 표 형식, 과장 금지, 현실적인 분석

[톤] 냉정하고 객관적인 리스크 분석 톤으로 작성해줘.

⑩ OKR·KPI 보고서 자동 생성

[로] 너는 성과 관리 전문가야

[고] [사업/부서]의 1개월 OKR/KPI 보고서를 만드는 것이 목표야.

[타]

1) 목표(Objective) 3가지

2) 각 목표별 핵심 결과(Key Result) 3개

3) 이번 달 달성률

4) 미달성 원인 분석

5) 다음 달 개선 방향

[루] 숫자·표 필수, 측정 가능한 기준

[톤] 전문적인 성과 관리 보고서 톤으로 작성해줘.

⑪ 경쟁사 분석 보고서

[로] 너는 시장 분석 전문가야.

[고] [업종] 분야 경쟁사 분석 보고서를 만드는 것이 목표야.

[타]

1) 주요 경쟁사 3곳 분석 (강점/약점)

2) 가격·서비스·마케팅 비교표

3) 우리가 차별화할 수 있는 포인트 5가지

4) 시장 기회 요인 3가지

[루] 표 형식, 객관적 분석, 수치 포함

[톤] 전략 컨설턴트 톤으로 작성해줘.

⑫ 회의록 자동 생성

[로] 너는 비즈니스 커뮤니케이션 전문가야.

[고] 다음 회의 내용을 정리한 회의록을 만드는 것이 목표야.

[타]

1) 회의 개요 (일시/참석자/목적)

2) 주요 논의 내용

3) 결정 사항

4) 액션 아이템 (담당자/기한)

5) 다음 회의 일정

[루] 간결하게, 결정 사항 명확히, 액션 아이템 구체적으로

[톤] 명확한 비즈니스 문서 톤으로 작성해줘.

⑬ 연간 사업 계획 자동 생성

□ ✕

[로] 너는 경영 전략 전문가야.

[고] [사업명]의 내년 연간 사업 계획을 만드는 것이 목표야.

[타]

1) 올해 성과 요약

2) 내년 목표 및 KPI

3) 분기별 핵심 과제

4) 예산 배분 계획

5) 리스크 요인 및 대응 방안

[루] 표 형식, 현실적인 목표, 전략적 관점

[톤] 경영진 보고용 전략 계획서 톤으로 작성해줘.

⑭ 투자 유치 피칭 자료 자동 생성

□ ✕

[로] 너는 스타트업 투자 전문가야.

[고] [사업명]의 투자 유치 피칭 자료를 만드는 것이 목표야.

[타]

1) 문제 정의 (1슬라이드)

2) 솔루션 (1슬라이드)

3) 시장 규모 (1슬라이드)

4) 비즈니스 모델 (1슬라이드)

5) 팀 소개 (1슬라이드)

6) 성과 및 트랙션 (1슬라이드)

7) 투자 요청 금액 및 사용 계획 (1슬라이드)

[루] 투자자 관점, 간결하고 설득력 있게, 5분 발표 분량

[톤] 자신감 있고 신뢰감 있는 피칭 톤으로 작성해줘.

⑮ 공모전·사업계획 평가 보고서

[로] 너는 사업평가 전문위원이야.

[고] 공모전 제안서 평가 의견을 생성하는 것이 목표야.

[타]

1) 평가 항목 5개

2) 각 항목별 점수 (100점 만점)

3) 강점 코멘트

4) 개선 필요 사항

5) 종합 의견

[루] 비난 금지, 건설적인 피드백, 공정한 평가

[톤] 공정하고 전문적인 심사위원 톤으로 작성해줘.

⑯ HRD 교육 효과 분석 보고서

[로] 너는 HRD 전문가야.

[고] 교육 만족도/성과 분석 보고서를 만드는 것이 목표야.

[타]

1) 교육 목표 달성률

2) 참가자 만족도 분석

3) 학습 성과 변화

4) 현업 적용 사례

5) 개선 방향 3가지

[루] 표 필수, 수치 포함, 데이터 기반 분석

[톤] 교육 전문가 스타일로 작성해줘.

⑰ 월간 기획 회고록

□ ✕

[로] 너는 기획 팀장이야.

[고] 한 달 기획 회고록 1페이지를 만드는 것이 목표야.

[타]

1) 잘한 점 3가지

2) 아쉬운 점 3가지

3) 개선 방안 3가지

4) 다음 달 다짐

[루] 500자 이내, 솔직하게, 자기 비판적으로

[톤] 반성하고 정돈된 톤으로 작성해줘.

⑱ 홍보·PR 모니터링 보고서

□ ✕

[로] 너는 PR 분석가야.

[고] 미디어 언급 정리 보고서를 만드는 것이 목표야.

[타]

1) 긍정 언급 TOP 5

2) 부정 언급 TOP 5

3) 주요 키워드 분석

4) 경쟁사 대비 언급량

5) 다음 달 PR 전략 제안

[루] 표로 정리, 중립적 분석, 수치 포함

[톤] 중립적이고 전문적인 PR 분석 톤으로 작성해줘.

⑲ 프로젝트 상태 보고서 (대시보드형)

[로] 너는 PM 전문가야.

[고] 진행 중인 프로젝트 상태 보고서를 만드는 것이 목표야.

[타]

1) 전체 진행률 (%)

2) 일정 현황 (계획 vs 실제)

3) 리스크 현황

4) 완료된 마일스톤

5) 다음 주 핵심 행동

[루] 1페이지 제한, 표 형식, 수치 필수

[톤] 간결하고 정확한 PM 보고서 톤으로 작성해줘.

⑳ 성과 발표 자료 자동 생성

[로] 너는 발표 자료 전문가야.

[고] 성과 내용을 10분 발표용 자료로 만드는 것이 목표야.

[타]

1) 슬라이드 10장 구성

2) 각 슬라이드: 제목(10자) + 핵심 포인트 3개(각 20자) + 발표 메모(50자)

3) 오프닝 임팩트 문구

4) 클로징 메시지

[루] 명확하고 설득력 있게, 청중 관점

[톤] 자신감 있고 명확한 발표 자료 톤으로 작성해줘.

특별 부록 02

교육·HRD 프롬프트 20선

① 2시간 강의안 자동 생성

□×

[로] 너는 교육기획 전문 강사야.

[고] 소상공인 대상 2시간 AI 기초 강의안을 만드는 것이 목표야.

[타]

1) 강의 개요 (목적/대상/기대효과)

2) 1교시 (60분): AI 기초 이해

3) 2교시 (60분): 실습 및 적용

4) 활동 3가지

5) 후속 안내

[루] 표 필수, 실습 중심, 이론 최소화

[톤] 친절하고 차분한 교육 안내 톤으로 작성해줘.

② 4시간 실습형 워크숍 구성

□×

[로] 너는 워크숍 디자이너야.

[고] 4시간 실습 워크숍 초안을 만드는 것이 목표야.

[타]

1) 오프닝 (30분)

2) 이론 세션 (60분)

3) 실습 1 (60분)

4) 실습 2 (60분)

5) 마무리 및 공유 (30분)

[루] 실습 3개 포함, 난이도 쉽게, 참여 유도

[톤] 명확하고 활기찬 워크숍 톤으로 작성해줘.

③ 강의 슬라이드 20장 텍스트 생성

[로] 너는 PPT 콘텐츠 전문가야.

[고] [강의 주제] 슬라이드용 문장 20장을 생성하는 것이 목표야.

[타]

1) 각 슬라이드: 제목 1줄 + 설명 1줄 구조

2) 표지 슬라이드

3) 목차 슬라이드

4) 본문 15장

5) 마무리 슬라이드 2장

[루] 제목 15자 이하, 설명 30자 이하, 간결하게

[톤] 간결하고 명확한 프레젠테이션 톤으로 작성해줘.

④ 교육용 사례 만들기

[로] 너는 교육 스토리텔러야.

[고] AI 교육용 사례 5개를 만드는 것이 목표야.

[타]

1) 각 사례: 문제 상황 → AI 활용 → 결과

2) 업종 다양하게 (카페/쇼핑몰/학원/미용실/사무직)

3) 각 사례 300자 이내

[루] 과장 금지, 현실적인 사례, 공감 가능하게

[톤] 자연스럽고 공감 가는 스토리텔링 톤으로 작성해줘.

⑤ HRD 교육 계획서 자동 생성

[로] 너는 HRD 기획자야.

[고] [회사명]의 연간 교육 계획 1페이지를 만드는 것이 목표야.

[타]

1) 교육 목표

2) 대상별 교육 과정

3) 분기별 일정

4) 예산 배분

[루] 표로 정리, 현실적인 계획, 측정 가능한 목표

[톤] 전문적인 HRD 기획서 톤으로 작성해줘.

⑥ 비전문가용 매뉴얼 제작

[로] 너는 쉬운 설명 전문가야.

[고] 초보자를 위한 AI 활용 매뉴얼을 만드는 것이 목표야.

[타]

1) 단계별 설명 5개

2) 각 단계별 스크린샷 설명 (텍스트로)

3) 자주 묻는 질문 5개

4) 주의사항 3가지

[루] 전문 용어 금지, 초등학생도 이해 가능하게

[톤] 친절하고 쉽게 설명하는 톤으로 작성해줘.

⑦ 학부모 대상 특강안

□✕

[로] 너는 학부모 강의 전문가야.

[고] 90분 학부모 특강안을 생성하는 것이 목표야.

[타]

1) 강의 개요

2) 1부 (45분): AI 시대 자녀 교육

3) 2부 (45분): 실습 및 Q&A

4) 예상 질문 5개 + 답변

[루] 사례 필수, 공감 포인트 포함, 불안 해소 중심

[톤] 따뜻하고 공감 가는 학부모 강의 톤으로 작성해줘.

⑧ 신입 직원 온보딩 교육안

□✕

[로] 너는 기업교육 전문가야.

[고] 신입 직원 1주 온보딩 교육안을 만드는 것이 목표야.

[타]

1) Day 1: 회사 소개 및 오리엔테이션

2) Day 2: 업무 시스템 교육

3) Day 3: 직무별 실습

4) Day 4: 팀 협업 교육

5) Day 5: 종합 평가 및 피드백

[루] 신입 눈높이, 실습 중심, 표 형식

[톤] 따뜻하게 환영하는 온보딩 톤으로 작성해줘.

⑨ OJT 현장 실습 교육안

[로] 너는 중소기업 OJT 교육 전문가야.

[고] 신입 직원 OJT용 5일차 실습 교육안을 생성하는 것이 목표야.

[타]

1) Day 1~5 목표

2) 각 날별 실습 과업

3) 평가 기준

4) 멘토 역할 가이드

[루] 표 필수, 전문 용어 최소화, 현장 중심

[톤] 친절하지만 기준은 명확한 OJT 교육 톤으로 작성해줘.

⑩ 교육 만족도 설문지 자동 생성

[로] 너는 교육 평가 전문가야.

[고] 10문항짜리 교육 만족도 조사 설문을 생성하는 것이 목표야.

[타]

1) 내용 만족도 (3문항)

2) 강사 만족도 (2문항)

3) 운영 만족도 (2문항)

4) 실습 만족도 (2문항)

5) 종합 만족도 (1문항)

[루] 객관식 중심, 5점 척도, 주관식 1문항 포함

[톤] 중립적이고 정확한 설문 톤으로 작성해줘.

⑪ 강사용 스크립트 생성

[로] 너는 강의 멘트 전문 스크립터야.

[고] 2시간 강의용 강사 멘트 10개를 생성하는 것이 목표야.

[타]

1) 시작 멘트 2개

2) 중간 전환 멘트 5개

3) 마무리 멘트 2개

4) 위기 상황 멘트 1개 (질문이 없을 때)

[루] 과장 금지, 자연스러운 말투, 청중 참여 유도

[톤] 친절하고 사람 냄새 나는 강사 멘트 톤으로 작성해줘.

⑫ 직무 기술서 기반 교육 프로그램

[로] 너는 HRD·직무 분석 전문가야.

[고] [직무명]의 교육 프로그램을 만드는 것이 목표야.

[타]

1) 직무 핵심 역량 5가지

2) 각 역량별 교육 모듈

3) 교육 방법 (강의/실습/OJT)

4) 평가 방법

[루] 행동 기반 역량(Behavior) 중심, 측정 가능하게

[톤] 객관적이고 분석적인 HRD 전문가 톤으로 작성해줘.

⑬ 교수 설계(ISD) 기반 교육안

[로] 너는 ISD 교수 설계 전문가야.

[고] ADDIE 기반 교육안 1종을 생성하는 것이 목표야.

[타]

1) 분석(Analysis): 학습 요구 분석

2) 설계(Design): 교육 목표 및 구조

3) 개발(Development): 교육 자료 목록

4) 실행(Implementation): 운영 계획

5) 평가(Evaluation): 평가 방법

[루] 각 단계 50자 이내 요약, 표 형식

[톤] 전문적이고 분석적인 교수 설계 톤으로 작성해줘.

⑭ AI 실무 교육용 프로젝트 과제

[로] 너는 AI 교육 전문가야.

[고] 교육 참가자용 실습 프로젝트 과제를 만드는 것이 목표야.

[타]

1) 과제 개요 (목적/대상/기간)

2) 과제 내용 (단계별 5가지)

3) 결과물 형식

4) 평가 기준

5) 참고 자료

[루] 실제 업무에 적용 가능한 과제, 난이도 조절

[톤] 도전적이지만 달성 가능한 과제 안내 톤으로 작성해줘.

⑮ 역량 개발 계획서 자동 생성

[로] 너는 역량 개발 전문가야.

[고] [직원명/직급]의 역량 개발 계획서를 만드는 것이 목표야.

[타]

1) 현재 역량 수준 분석

2) 개발 목표 역량 3가지

3) 각 역량별 개발 방법

4) 3개월 실행 계획

5) 성과 측정 방법

[루] 개인 맞춤형, 실행 가능한 계획, 직원 성장 중심

[톤] 직원 성장을 응원하는 따뜻한 코칭 톤으로 작성해줘.

⑯ 팀 빌딩 프로그램 기획

[로] 너는 팀 빌딩 전문가야.

[고] [팀명] 팀 빌딩 프로그램을 기획하는 것이 목표야.

[타]

1) 프로그램 목적

2) 활동 아이디어 5가지

3) 각 활동별 방법·시간·준비물

4) 기대 효과

[루] 팀원 수 [명], 예산 [금액], 실행 가능하고 즐거운 프로그램

[톤] 활기차고 긍정적인 팀 빌딩 프로그램 톤으로 작성해줘.

⑰ 채용 공고 자동 생성

[로] 너는 채용 전문가야.

[고] [직무명] 채용 공고를 만드는 것이 목표야.

[타]

1) 회사 소개 (간략히)

2) 담당 업무 5가지

3) 자격 요건

4) 우대 사항

5) 근무 조건 및 지원 방법

[루] 매력적이고 명확하게, 지원자 관점, 과장 금지

[톤] 전문적이고 매력적인 채용 공고 톤으로 작성해줘.

⑱ 면접 질문 세트 자동 생성

[로] 너는 채용 전문가야.

[고] [직무명] 면접 질문 세트를 만드는 것이 목표야.

[타]

1) 기본 질문 5개

2) 직무 역량 질문 5개

3) 상황 판단 질문 3개

4) 가치관 질문 3개

[루] 각 질문별 평가 포인트 포함, 공정하고 직무 관련성 높게

[톤] 공정하고 전문적인 면접 질문 톤으로 작성해줘.

⑲ 직원 만족도 설문지 자동 생성

[로] 너는 조직 문화 전문가야.

[고] 직원 만족도 설문지를 만드는 것이 목표야.

[타]

1) 업무 만족도 (3문항)

2) 조직 문화 (3문항)

3) 리더십 (3문항)

4) 성장 기회 (3문항)

5) 개선 희망 사항 (주관식 3문항)

[루] 익명 보장, 솔직하게 답할 수 있는 환경, 5점 척도

[톤] 직원이 편하게 답할 수 있는 친근한 설문 톤으로 작성해줘.

⑳ 사내 규정 자동 생성

[로] 너는 HR 전문가야.

[고] [규정명] 사내 규정을 만드는 것이 목표야.

[타]

1) 목적 및 적용 범위

2) 주요 규정 내용 (10가지)

3) 위반 시 처리 방법

4) 시행 일자 및 개정 이력

[루] 명확하고 공정하게, 법적 문제 없는 수준

[톤] 직원이 이해하기 쉬운 사내 규정 톤으로 작성해줘.

특별 부록 03

업종별 AI 자동화 핵심 정리

 **카페·음식점 AI 자동화 핵심 10가지**

카페와 음식점을 운영하는 분들이 AI로 가장 많이 자동화하는 업무 10가지를 정리했습니다.

순위	업무	AI 활용 방법	시간 절감
1	신메뉴 홍보 문구	메뉴 특징 입력 → 문구 자동 생성	90분 → 10분
2	인스타 게시물	사진 설명 입력 → 캡션+해시태그 생성	30분 → 5분
3	고객 리뷰 답글	리뷰 붙여넣기 → 답글 자동 생성	20분 → 2분
4	단골 고객 메시지	상황 설명 → 메시지 자동 생성	15분 → 2분
5	매출 분석 보고서	데이터 입력 → 분석 자동 생성	2시간 → 20분
6	시즌 이벤트 기획	시즌 설명 → 기획안 자동 생성	1시간 → 15분
7	FAQ 작성	업종 설명 → FAQ 자동 생성	1시간 → 10분
8	채용 공고	직무 설명 → 공고 자동 생성	30분 → 5분
9	메뉴 설명	재료 설명 → 메뉴 설명 자동 생성	20분 → 3분
10	운영 공지문	내용 설명 → 공지문 자동 생성	15분 → 2분

이 표의 핵심은 AI가 복잡한 일을 대신하는 것이 아니라, 매장에서 반복적으로 발생하는 문구 작성·응대·분석·공지 업무를 빠르게 줄여준다는 점입니다. 특히 표에 나온 업무들은 모두 입력 정보만 정리되면 바로 자동화가 가능해 실무 적용성이 높습니다. 결국 사장님은 손이 많이 가는 반복 업무를 줄이고, 메뉴 개발과 고객 경험처럼 매출에 직접 연결되는 일에 더 집중할 수 있게 됩니다.

🤖 온라인 쇼핑몰 AI 자동화 핵심 10가지

순위	업무	AI 활용 방법	시간 절감
1	상품 설명 작성	상품 정보 입력 → 설명 자동 생성	1시간 → 10분
2	고객 CS 답변	문의 내용 → 답변 자동 생성	30분 → 3분
3	상품 리뷰 분석	리뷰 붙여넣기 → 분석 자동 생성	2시간 → 15분
4	광고 문구	상품 특징 → 광고 문구 자동 생성	30분 → 5분
5	매출 분석	데이터 입력 → 분석 자동 생성	2시간 → 20분
6	이메일 뉴스레터	내용 설명 → 뉴스레터 자동 생성	1시간 → 10분
7	반품·교환 정책	조건 설명 → 정책 자동 생성	30분 → 5분
8	시즌 기획	시즌 설명 → 기획안 자동 생성	1시간 → 15분
9	SNS 콘텐츠	상품 설명 → 콘텐츠 자동 생성	30분 → 5분
10	재고 관리 보고서	데이터 입력 → 보고서 자동 생성	1시간 → 10분

🤖 학원·교육 기관 AI 자동화 핵심 10가지

순위	업무	AI 활용 방법	시간 절감
1	수업 계획서	주제 입력 → 계획서 자동 생성	2시간 → 20분
2	학부모 공지문	내용 설명 → 공지문 자동 생성	30분 → 5분
3	시험 문제	범위 입력 → 문제 자동 생성	2시간 → 20분
4	교육 자료	주제 입력 → 자료 자동 생성	3시간 → 30분
5	학원 홍보 문구	특징 입력 → 홍보 문구 자동 생성	1시간 → 10분
6	강의 스크립트	주제 입력 → 스크립트 자동 생성	3시간 → 30분
7	학생 상담 기록	내용 설명 → 기록 자동 생성	30분 → 5분
8	커리큘럼 설계	목표 입력 → 커리큘럼 자동 생성	4시간 → 40분
9	만족도 설문지	항목 설명 → 설문지 자동 생성	1시간 → 10분
10	성과 보고서	데이터 입력 → 보고서 자동 생성	2시간 → 20분

특별 부록 04

자주 묻는 질문 (FAQ)

Q1. AI가 만든 글을 그대로 써도 되나요?

AI가 만든 글은 반드시 한 번 읽어보고 수정해야 합니다. 특히 수치, 날짜, 고유명사, 법적 내용은 꼭 확인하세요. AI는 가끔 틀린 정보를 자신 있게 말하는 경우가 있습니다. 초안으로 활용하고, 최종 검토는 사람이 하는 것이 원칙입니다.

Q2. 어떤 AI 도구를 써야 하나요?

처음 시작하는 분들에게는 ChatGPT(chat.openai.com)를 추천합니다. 무료 버전으로도 대부분의 업무가 가능합니다. 더 많은 기능이 필요하다면 ChatGPT Plus(월 약 2만 원)를 고려하세요. Gemini(gemini.google.com)는 구글 서비스와 연동이 잘 되어 있어 구글 워크스페이스를 쓰는 분들에게 좋습니다.

Q3. 프롬프트를 잘 쓰려면 어떻게 해야 하나요?

이 책에서 소개한 로고타루톤(로·고·타·루·톤) 5요소를 기억하세요. 역할(로), 목표(고), 과제(타), 규칙(루), 톤(톤)을 명확하게 지정할수록 좋은 결과가 나옵니다. 처음에는 이 책의 프롬프트를 복붙해서 쓰고, 점점 내 상황에 맞게 수정해 나가세요.

Q4. AI가 개인정보를 유출하지 않나요?

AI에게 고객 이름, 연락처, 주소 등 개인 식별 정보를 직접 입력하면 안 됩니다. "30대 여성 고객"처럼 개인을 특정할 수 없는 형태로 입력하세요. 회사 기밀 정보도 마찬가지입니다. 이 책의 24장에서 AI 리스크 관리 방법을 자세히 설명했습니다.

Q5. AI 결과가 마음에 안 들면 어떻게 하나요?

포기하지 마세요. "더 자연스럽게 바꿔줘", "더 구체적인 예시를 넣어줘", "우리 업종 톤으로 다시 써줘"처럼 피드백을 주면 점점 좋아집니다. 3번만 수정하면 완성도 90%의 결과가 나옵니다. AI와의 대화는 한 번에 완성하는 것이 아니라 점진적으로 개선하는 과정입니다.

Q6. 직원들이 AI를 거부하면 어떻게 하나요?

강요하지 마세요. 사장님이 먼저 써서 "이렇게 하니까 10분 만에 됐어"라고 보여주세요. 작은 성공 경험이 쌓이면 직원들도 자연스럽게 관심을 갖게 됩니다. 이 책의 25장에서 AI 조직 정착 방법을 자세히 설명했습니다.

Q7. AI를 쓰면 직원이 필요 없어지나요?

아닙니다. AI는 반복적이고 시간이 많이 걸리는 업무를 대신합니다. 판단, 경험, 고객과의 관계는 여전히 사람의 몫입니다. AI를 잘 활용하면 직원들이 더 중요한 일에 집중할 수 있어 오히려 직원 만족도가 높아지는 경우가 많습니다.

Q8. 얼마나 투자해야 하나요?

처음에는 무료 버전으로 시작하세요. ChatGPT 무료 버전으로도 이 책의 대부분을 실습할 수 있습니다. 효과를 확인한 후 유료 버전(월 2만 원 내외)으로 업그레이드하면 됩니다. 직원 한 명 인건비의 1%도 안 되는 비용으로 시작할 수 있습니다.

특별 부록 05

용어 사전

이 책에서 자주 나오는 용어를 쉽게 정리했습니다.

용어	쉬운 뜻	왜 필요한가	사용 용도	쉬운 예시
AI (인공지능)	사람처럼 생각하고 글을 쓰는 컴퓨터 프로그램	반복 업무를 자동화하기 위해	글쓰기, 분석, 기획 등 모든 업무	ChatGPT에게 "홍보 글 써줘"라고 하면 바로 써줌
프롬프트	AI에게 내리는 지시문	좋은 지시를 해야 좋은 결과가 나오기 때문	AI를 사용할 때 항상	"카페 신메뉴 홍보 글 200자로 써줘"
로고타루톤	프롬프트 작성 공식 (역할·목표·과제·규칙·톤)	체계적인 지시를 하기 위해	모든 프롬프트 작성 시	이 책의 모든 프롬프트 예시
생성형 AI	새로운 콘텐츠를 만들어내는 AI	글, 이미지, 코드 등을 자동 생성하기 위해	콘텐츠 제작, 문서 작성	ChatGPT, Gemini, Claude
자동화	사람이 하던 일을 컴퓨터가 대신 하는 것	시간을 절약하고 실수를 줄이기 위해	반복적인 업무	매주 보고서를 AI가 자동으로 만들어줌
프롬프트 라이브러리	잘 작동하는 프롬프트를 모아둔 저장소	팀 전체가 공통으로 활용하기 위해	팀 업무 자동화	구글 드라이브에 프롬프트 폴더 만들기
할루시네이션	AI가 틀린 정보를 자신 있게 말하는 현상	검증의 필요성을 이해하기 위해	AI 결과물 검토 시	AI가 없는 통계를 만들어내는 경우
컨텍스트	AI에게 제공하는 배경 정보	더 정확한 결과를 얻기 위해	프롬프트 작성 시	"우리 카페는 20~30대 직장인 대상이야"라고 알려주기
이터레이션	AI와 대화를 반복하며 결과를 개선하는 과정	한 번에 완벽한 결과를 기대하지 않기 위해	모든 AI 활용 시	3번 수정하면 완성도 90%
페르소나	AI에게 부여하는 역할	전문적인 결과를 얻기 위해	로고타루톤의 '로(Role)'	"너는 10년 경력의 마케터야"

AI 도구 비교표

현재 가장 많이 사용되는 AI 도구를 비교했습니다.

도구	특징	무료 여부	추천 용도
ChatGPT (OpenAI)	가장 범용적, 자연스러운 한국어	무료/유료(월 2만 원)	글쓰기, 기획, 분석 전반
Gemini (Google)	구글 서비스 연동, 실시간 검색	무료/유료	구글 워크스페이스 연동
Claude (Anthropic)	긴 문서 처리 탁월, 안전성 높음	무료/유료	긴 보고서, 계약서 분석
Perplexity	실시간 검색 + AI 답변	무료/유료	최신 정보 조사
Copilot (Microsoft)	MS 오피스 연동	유료 (기업용)	Word, Excel, PowerPoint 자동화
Wrtn (뤼튼)	한국어 특화, 무료	무료	한국어 콘텐츠 생성

● AI를 처음 시작하는 분들에게 추천하는 순서

1단계: ChatGPT 무료 버전으로 시작 (가장 범용적)

2단계: 효과 확인 후 ChatGPT Plus 또는 Gemini Advanced로 업그레이드

3단계: 업무 특성에 따라 Claude, Perplexity 추가 활용

부록 A

업종별 핵심 프롬프트 100선

이 부록에는 이 책에서 소개한 프롬프트 중에서 가장 많이 활용되는 100개를 정리했습니다. 대괄호 [ ] 안의 내용만 내 상황에 맞게 바꾸어 사용하세요.

 **기획·보고서 프롬프트 (1~20번)**

1) 기획서 목차 자동 생성

> 너는 사업기획 전문가야.
>
> [사업명/프로젝트명]의 기획서 목차를 3개 버전(A/B/C안)으로 만들어줘.
>
> 각 버전은 5개 섹션으로 구성하고, 각 섹션에 들어갈 내용을 2~3줄로 설명해줘.
>
> 논리적인 흐름으로 구성하고, 실행 가능한 구조로 만들어줘.

2) 기획서 초안 자동 생성

> 너는 10년 경력의 사업기획 전문가야.
>
> 다음 목차에 맞춰 [사업명] 기획서 초안을 A4 2페이지 분량으로 작성해줘.
>
> 목차: [목차 내용]
>
> 내용은 '문제 → 근거 → 전략 → 실행 계획 → 기대효과' 순으로 작성해줘.
>
> 전문적이지만 읽기 쉬운 비즈니스 기획서 톤으로 작성해줘.

3) 주간 보고서 자동 생성

너는 경영 보고서 전문가야.

다음 이번 주 업무 내용을 정리한 주간 보고서를 만들어줘.

[이번 주 주요 내용 붙여넣기]

항목: 주요 성과 3가지 / 진행 중 업무 현황 / 이슈 및 해결 방안 / 다음 주 계획

A4 1페이지 이내, 표 형식, 수치 포함, 명확하고 간결한 보고서 톤으로 작성해줘.

4) 월간 성과 보고서

너는 경영 분석 전문가야.

다음 이번 달 데이터를 기반으로 월간 성과 보고서를 만들어줘.

[데이터 붙여넣기]

항목: 핵심 성과 요약 / 전월 대비 변화 표 / 목표 달성률 / 주요 이슈 및 원인 / 다음 달 개선 방향

A4 2페이지, 수치 포함, 전문적이지만 읽기 쉬운 보고서 톤으로 작성해줘.

5) 사업계획서 핵심 섹션

너는 사업계획서 전문 컨설턴트야.

[사업명]의 사업계획서 핵심 섹션을 만들어줘.

항목: 사업 개요(300자) / 시장 분석 / 차별화 전략 3가지 / 수익 모델 / 실행 계획(3개월/6개월/1년)

구체적인 수치 포함, 현실적인 계획, 투자자 관점으로 작성해줘.

신뢰감 있는 전문 사업계획서 톤으로 작성해줘.

6) 제안서

너는 제안서 전문가야.

다음 제안서 내용을 1페이지 요약(Executive Summary)으로 만들어줘.

[제안서 내용 붙여넣기]

포함 내용: 핵심 문제(2줄) / 우리의 솔루션(3줄) / 기대 효과(3가지) / 요청 사항

총 300자 이내, 간결하고 신뢰감 있는 제안서 톤으로 작성해줘.

7) 실행 계획 타임라인

너는 프로젝트 관리 전문가야.

[프로젝트명]의 3개월 실행 계획을 만들어줘.

1개월차, 2개월차, 3개월차로 나눠서

각 달에 해야 할 핵심 활동 3가지와 담당자, 예상 결과를 표로 정리해줘.

실행 가능한 계획, 현실적인 일정으로 작성해줘.

8) 아이디어 발굴 브레인스토밍

너는 창의적 기획 전문가야.

[업종/사업]의 [목표] 달성을 위한 아이디어 15개를 만들어줘.

트렌드 기반 5개, 고객 기반 5개, 경쟁사 차별화 기반 5개로 구분해줘.

각 아이디어는 제목 + 핵심 내용 2줄로 정리해줘.

9) SWOT 분석 자동 생성

너는 경영 분석 전문가야.

[회사명/사업명]의 SWOT 분석을 만들어줘.

강점(S) 5가지, 약점(W) 5가지, 기회(O) 5가지, 위협(T) 5가지

각 항목은 2~3줄로 구체적으로 설명하고, 표 형식으로 정리해줘.

객관적 분석, 수치 포함, 전략 컨설턴트 톤으로 작성해줘.

10) 기대 효과·ROI 자동 생성

너는 투자 분석 전문가야.

[프로젝트/사업]의 기대 효과를 정리해줘.

단기(3개월), 중기(6개월), 장기(1년) 효과로 나눠서

정량적 효과(수치)와 정성적 효과(품질 변화)를 모두 포함해줘.

표 형식, 현실적인 수치, 투자자 관점으로 작성해줘.

11) 회의 안건 자동 생성

너는 비즈니스 커뮤니케이션 전문가야.

다음 주제로 [시간]분 회의 안건을 만들어줘.

주제: [회의 주제]

항목: 회의 목적 / 안건 목록(우선순위 순) / 각 안건 논의 시간 / 결정 필요 사항

명확하고 간결한 회의 안건 톤으로 작성해줘.

12) 회의록 자동 생성

너는 비즈니스 커뮤니케이션 전문가야.

다음 회의 내용을 정리한 회의록을 만들어줘.

[회의 내용 메모 붙여넣기]

항목: 회의 개요(일시/참석자/목적) / 주요 논의 내용 / 결정 사항 / 액션 아이템(담당자/기한) /

다음 회의 일정

간결하게, 결정 사항 명확히, 명확한 비즈니스 문서 톤으로 작성해줘.

13) 매출 분석 보고서

너는 소상공인 매출 분석 전문가야.

다음 매출 데이터를 분석한 보고서를 만들어줘.

[매출 데이터 붙여넣기]

항목: 이번 달 매출 요약 / 요일별·시간대별 패턴 / 상품별 순위 TOP 5 / 전월 대비 변화 /

매출 향상 제안 3가지

표와 그래프 설명 포함, 데이터 기반 객관적 분석 톤으로 작성해줘.

14) 고객 분석 보고서

너는 고객 분석 전문가야.

다음 고객 데이터를 분석한 보고서를 만들어줘.

[고객 데이터/리뷰 붙여넣기]

항목: 고객 유형 분류 / 주요 연령대·성별 / 자주 묻는 질문 TOP 5 / 긍정 피드백 TOP 5 /

개선 필요 사항 TOP 5 / 만족도 향상 방안 3가지

표 형식, 고객 중심 분석, 컨설턴트 톤으로 작성해줘.

15) 경쟁사 분석 보고서

너는 시장 분석 전문가야.

[업종] 분야 경쟁사 분석 보고서를 만들어줘.

주요 경쟁사 3곳의 강점·약점 분석, 우리가 차별화할 수 있는 포인트 5가지, 시장 기회

요인 3가지

표 형식, 객관적 분석, 전략 컨설턴트 톤으로 작성해줘.

16) 업무 매뉴얼 자동 생성

너는 업무 프로세스 전문가야.

[업무명]에 대한 업무 매뉴얼을 만들어줘.

항목: 업무 개요 및 목적 / 단계별 프로세스(5~10단계) / 각 단계별 주의사항 / 자주 발생

하는 실수와 해결법 / 체크리스트

신입 직원도 이해 가능, 구체적인 행동 지침, 표 형식, 명확하고 친절한 매뉴얼 톤으로 작성해줘.

17) 연간 사업 계획

너는 경영 전략 전문가야.

[사업명]의 내년 연간 사업 계획을 만들어줘.

항목: 올해 성과 요약 / 내년 목표 및 KPI / 분기별 핵심 과제 / 예산 배분 계획 / 리스크 요인

및 대응 방안

표 형식, 현실적인 목표, 전략적 관점으로 작성해줘.

18) KPI 설정 자동화

너는 성과 관리 전문가야.

[사업/부서]의 KPI를 설정해줘.

정량 지표 5개, 정성 지표 3개로 구분해서

각 지표는 목표값, 측정 방법, 측정 주기를 포함해서 표로 정리해줘.

측정 가능하고 달성 가능한 수준으로 설정해줘.

19) 리스크 관리 계획

너는 리스크 관리 전문가야.

[사업/프로젝트]의 주요 리스크를 분석하고 관리 계획을 만들어줘.

항목: 리스크 유형 5가지 / 각 리스크 발생 가능성 및 영향도 / 예방 방안 / 발생 시 대응 방안

표 형식, 현실적인 분석, 실행 가능한 대응 방안으로 작성해줘.

20) 성과 발표 자료 자동 생성

너는 발표 자료 전문가야.

다음 성과 내용을 10분 발표용 자료로 만들어줘.

[성과 내용 붙여넣기]

슬라이드 10장, 각 슬라이드: 제목(10자) + 핵심 포인트 3개(각 20자) + 발표 메모(50자)

명확하고 설득력 있는 발표 자료 톤으로 작성해줘.

21) 월간 콘텐츠 캘린더

너는 소상공인 SNS 마케팅 전문가야.

[업종]가게의 이번 달 인스타그램 콘텐츠 캘린더를 만들어줘.

주 3회 게시 (총 12개), 각 게시물: 제목 + 본문 200자 + 해시태그 10개

이번 달 주요 기념일·이벤트 반영, 과장 표현 금지, 친근하고 따뜻한 동네 가게 느낌으로
작성해줘.

22) 제품·신메뉴 홍보 문구

너는 카피라이터야.

[제품/메뉴명]의 홍보 문구 세트를 만들어줘.

슬로건 10개(10자 이내) / 인스타 캡션 5개(각 200자) / 카카오 채널 공지 문구 3개 /
문자 메시지(70자 이내)

과장 금지, [타깃 고객] 공감 언어 사용, [업종] 브랜드 느낌에 맞게 작성해줘.

23) 블로그 포스팅 자동 생성

너는 SEO 전문 블로그 작가야.

[주제]에 대한 블로그 포스팅을 만들어줘.

제목 5개 제안 / 목차 구성(5~7개 소제목) / 본문 초안(1500자) / 마무리 CTA

키워드 자연스럽게 포함, 전문 용어 최소화, 실용적인 정보 중심, 전문적이지만 친근한
블로그 톤으로 작성해줘.

24) 광고 문구 자동 생성

너는 디지털 광고 전문가야.

[상품/서비스명] 광고 문구를 만들어줘.

네이버 쇼핑 광고 제목 10개(15자 이내) / 인스타 광고 문구 5개(각 100자) / 카카오

광고 문구 5개(각 50자)

클릭 유도, 핵심 혜택 강조, 과장 금지, 구매 욕구를 자극하는 광고 카피 톤으로 작성해줘.

25) 이메일 뉴스레터

너는 이메일 마케팅 전문가야.

[업종] 고객에게 보낼 이번 달 뉴스레터를 만들어줘.

제목 5개(클릭률 높은) / 인사말(2~3줄) / 주요 소식 3가지 / 특별 혜택·이벤트 안내 /

마무리 인사

500자 이내, 읽기 쉽게, 친근하고 신뢰감 있는 브랜드 뉴스레터 톤으로 작성해줘.

26) SNS 성과 보고서

너는 SNS 마케팅 분석 전문가야.

이번 달 SNS 마케팅 성과 보고서를 만들어줘.

[SNS 데이터 붙여넣기]

항목: 채널별 팔로워 증감 / 게시물 성과 TOP 5 / 도달률·인게이지먼트율 / 잘 된

콘텐츠 유형 / 다음 달 전략 제안

수치 포함, 표 형식, 데이터 기반 마케팅 보고서 톤으로 작성해줘.

27) 프로모션 기획안

너는 소상공인 프로모션 기획 전문가야.

이번 달 매출을 올리기 위한 프로모션 기획안을 만들어줘.

프로모션 아이디어 10개 / 각 아이디어별 실행 방법 / 예상 비용 / 기대 효과 / 추천 TOP 3 선정 이유

현실적인 예산 범위 내, 실행 가능한 것만, 실용적이고 바로 실행할 수 있는 느낌으로 작성해 줘.

28) 브랜드 스토리 자동 생성

너는 브랜드 스토리텔링 전문가야.

우리 [업종] 브랜드의 스토리를 만들어줘.

창업 배경 스토리(300자) / 브랜드 핵심 가치 3가지 / 고객에게 전달하는 약속 / 브랜드 슬로건 5개

진정성 있게, 과장 금지, 고객 공감 포인트 포함, 따뜻하고 진심이 느껴지는 브랜드 스토리 톤으로 작성해줘.

29) 보도자료 초안 자동 생성

너는 PR 전문가야.

[사업/행사/제품]에 대한 보도자료를 만들어줘.

제목 3개 제안 / 리드 문단(핵심 요약 3~4줄) / 본문(배경→내용→특징) / 인용문 2개 / 회사 소개 1문단

과장 표현 금지, 객관적 사실 중심, 공손하고 전문적인 언론 보도 스타일로 작성해줘.

30) 행사 기획서 자동 생성

너는 행사 기획 전문가야.

[행사명] 행사 기획서를 만들어줘.

행사 개요(목적/대상/일시/장소) / 세부 프로그램(시간대별) / 필요 준비물 및 예산 /

홍보 계획 / 기대 효과

표 형식, 실행 가능한 계획, 행사 담당자가 바로 실행할 수 있는 실용적인 톤으로 작성해줘.

31) 경쟁사 차별화 전략

너는 전략 컨설턴트야.

[업종]에서 경쟁사 대비 우리만의 차별화 전략 5가지를 만들어줘.

각 전략은 전략 이름 / 핵심 내용 / 실행 방법 / 기대 효과로 정리해줘.

현실적이고 실행 가능한 전략, 전략 컨설턴트 톤으로 작성해줘.

32) 시즌별 마케팅 캘린더

너는 마케팅 전략 전문가야.

[업종]의 연간 시즌별 마케팅 캘린더를 만들어줘.

월별 주요 기념일·이벤트 / 각 시즌별 추천 프로모션 / 콘텐츠 방향 / 예산 배분 비율

표 형식, 실행 가능한 계획, 마케팅 담당자가 바로 활용할 수 있는 톤으로 작성해줘.

33) 고객 페르소나 분석

너는 마케팅 전략 전문가야.

[업종] 가게의 주요 고객 페르소나 3개를 만들어줘.

각 페르소나: 이름(가명) / 연령·성별·직업 / 주요 관심사 / 구매 동기 / 불만 요소 /
효과적인 마케팅 메시지

구체적이고 현실적인 페르소나, 마케팅 전략 수립에 활용 가능한 수준으로 작성해줘.

34) 가격 전략 분석

너는 가격 전략 전문가야.

[제품/서비스]의 가격 전략을 분석하고 제안해줘.

현재 가격 분석 / 경쟁사 가격 비교 / 고객 가격 민감도 / 추천 가격 전략 3가지

객관적 분석, 수치 포함, 실행 가능한 전략으로 작성해줘.

35) 고객 후기 분석 보고서

너는 고객 경험 분석 전문가야.

다음 고객 후기를 분석한 보고서를 만들어줘.

[후기 내용 붙여넣기]

긍정 키워드 TOP 10 / 부정 키워드 TOP 5 / 자주 언급되는 개선 요청 3가지 /
고객 만족도 향상 방안 3가지

표 형식, 고객 중심 분석, 컨설턴트 톤으로 작성해줘.

36) 신규 고객 유치 전략

너는 고객 획득 전략 전문가야.

[업종]의 신규 고객 유치 전략 5가지를 만들어줘.

각 전략: 전략명 / 핵심 방법 / 필요 예산 / 기대 효과 / 실행 기간

현실적이고 실행 가능한 전략, 소상공인 예산 수준으로 작성해줘.

37) 단골 고객 유지 전략

너는 고객 유지 전략 전문가야.

[업종]의 단골 고객 유지 전략 5가지를 만들어줘.

각 전략: 전략명 / 핵심 방법 / 실행 방법 / 기대 효과

고객 충성도 향상, 재방문율 증가, 실행 가능한 수준으로 작성해줘.

38) 온라인 리뷰 관리 전략

너는 온라인 평판 관리 전문가야.

[업종]의 온라인 리뷰 관리 전략을 만들어줘.

긍정 리뷰 확대 방법 3가지 / 부정 리뷰 대응 방법 3가지 / 리뷰 모니터링 루틴 / 리뷰 답글 가이드라인

실행 가능한 전략, 소상공인 수준으로 작성해줘.

39) 소셜미디어 전략

너는 소셜미디어 전략 전문가야.

[업종]의 소셜미디어 운영 전략을 만들어줘.

채널 선택 및 이유 / 각 채널별 콘텐츠 방향 / 게시 빈도 및 최적 시간 /

팔로워 증가 전략 / 성과 측정 방법

실행 가능한 전략, 소상공인 1인 운영 가능 수준으로 작성해줘.

40) 시즌 이벤트 기획

너는 이벤트 기획 전문가야.

[계절/기념일] 시즌 [업종] 이벤트 기획안을 만들어줘.

이벤트 아이디어 5개 / 각 이벤트별 내용·기간·혜택 / 홍보 방법 / 예상 효과 /

추천 TOP 2 선정 이유

현실적인 예산, 실행 가능한 이벤트, 실용적인 기획 톤으로 작성해줘.

 고객 응대·CS 프롬프트 (41~55번)

41) 업종별 FAQ 자동 생성

너는 고객 응대 전문가야.

[업종]에서 자주 받는 질문 20개와 답변을 만들어줘.

질문 유형 5개 분류(가격/예약/운영/위치/서비스), 각 유형별 질문 4개씩,

각 답변 2~4문장 존댓말, 고객 압박 표현 금지, 날짜·가격은 [ ]로 비워두기, 정중하고

친절한 CS 톤으로 작성해줘.

42) 리뷰 답글 템플릿

너는 리뷰 응대 전문가야.

긍정/중립/부정 리뷰에 대응할 답글 템플릿을 만들어줘.

칭찬 리뷰 답글 5개 / 아쉬움 섞인 리뷰 답글 5개 / 불만 리뷰 답글 5개

(사과→확인→조치 구조)

책임 회피 금지, 3~5문장 이내, 존댓말, 진심이 느껴지는 따뜻한 말투로 작성해줘.

43) 단골 고객 메시지 세트

너는 CRM 전문가야.

단골 고객에게 보낼 메시지 12종 세트를 만들어줘.

감사 메시지 3개 / 재방문 유도 메시지 3개 / 기념일/생일 메시지 3개 /

시즌·신메뉴 안내 메시지 3개

영업 티 최소화, 존댓말, 이모지 1~2개만, 진심이 느껴지는 따뜻한 말투로 작성해줘.

44) 불만 고객 응대 스크립트

너는 고객 불만 처리 전문가야.

다음 고객 불만 상황에 대응하는 스크립트를 만들어줘.

상황: [불만 내용]

스크립트 구조: 공감 표현 → 사실 확인 → 해결 방안 제시 → 재발 방지 약속

진심 어린 사과, 책임감 있는 태도, 고객 신뢰 회복 중심으로 작성해줘.

45) 예약 관련 메시지 세트

[업종] 예약 관련 메시지 세트를 만들어줘.

예약 확인 메시지 / 예약 하루 전 리마인더 / 노쇼 방지 메시지 / 시술/서비스 완료 후
감사 메시지 / 재예약 유도 메시지

각 메시지 3~4문장, 친근하고 따뜻하게, 존댓말로 작성해줘.

46) 배송·주문 관련 CS 메시지

온라인 쇼핑몰 배송·주문 관련 CS 메시지 세트를 만들어줘.

주문 확인 / 배송 시작 안내 / 배송 지연 사과 / 교환·반품 접수 확인 / 환불 완료 안내

각 메시지 3~4문장, 존댓말, 친절하고 명확하게 작성해줘.

47) 고객 등급별 혜택 설계

너는 CRM 전문가야.

우리 가게 고객 등급 프로그램을 설계해줘.

고객 등급: 일반/단골/VIP

각 등급별: 기준(방문 횟수, 구매 금액) / 혜택 내용 / 소통 방식

표 형식, 실행 가능한 혜택, 고객 충성도 향상 중심으로 작성해줘.

48) 고객 만족도 설문지

너는 고객 만족도 조사 전문가야.

[업종] 고객 만족도 설문지를 만들어줘.

객관식 10문항 / 주관식 3문항 / 전체 응답 시간 5분 이내

서비스 품질, 가격 만족도, 재방문 의향, 추천 의향 포함, 고객이 편하게 답할 수 있는
톤으로 작성해줘.

49) 신규 고객 웰컴 메시지

[업종] 신규 고객에게 보낼 웰컴 메시지를 만들어줘.

버전 3개: 문자 메시지(70자) / 카카오 메시지(200자) / 이메일(300자)

따뜻한 환영 인사, 주요 서비스 안내, 첫 방문 혜택 포함, 진심이 느껴지는 톤으로
작성해줘.

50) 고객 이탈 방지 메시지

너는 고객 유지 전문가야.

오랫동안 방문하지 않은 고객에게 보낼 메시지를 만들어줘.

버전 3개: 부드러운 안부 인사 / 특별 혜택 제공 / 신규 서비스 안내

영업 티 최소화, 진심이 느껴지게, 재방문 유도, 존댓말로 작성해줘.

51) 고객 인터뷰 질문지

너는 고객 리서치 전문가야.

[업종] 고객 인터뷰 질문지를 만들어줘.

인터뷰 시간: 30분

질문 유형: 서비스 경험 / 불편 사항 / 개선 희망 사항 / 경쟁사 비교 / 추천 의향

총 15개 질문, 자연스러운 대화 흐름, 고객이 편하게 답할 수 있는 톤으로 작성해줘.

52) 환불·교환 정책 안내문

너는 고객 서비스 전문가야.

[업종]의 환불·교환 정책 안내문을 만들어줘.

환불 가능 조건 / 교환 가능 조건 / 불가 조건 / 처리 절차 / 처리 기간

명확하고 친절하게, 고객이 이해하기 쉽게, 법적 문제 없는 수준으로 작성해줘.

53) 고객 감사 이벤트 기획

너는 고객 관계 관리 전문가야.

단골 고객 감사 이벤트 기획안을 만들어줘.

이벤트 아이디어 5개 / 각 이벤트별 내용·기간·혜택 / 홍보 방법 / 예상 비용 / 기대 효과

고객 감동 중심, 현실적인 예산, 실행 가능한 이벤트로 작성해줘.

54) 고객 응대 매뉴얼

너는 고객 서비스 전문가야.

[업종] 직원용 고객 응대 매뉴얼을 만들어줘.

기본 인사말 / 상황별 응대 방법(일반/불만/VIP) / 금지 표현 목록 / 자주 묻는

질문 답변 / 긴급 상황 처리 방법

신입 직원도 바로 활용 가능, 구체적인 예시 포함, 명확하고 친절한 매뉴얼 톤으로 작성해줘.

55) 고객 데이터 분석 요청

너는 데이터 분석 전문가야.

다음 고객 구매 데이터를 분석해줘.

[데이터 붙여넣기]

분석 항목: 구매 패턴 / 인기 상품 / 구매 주기 / 고객 세그먼트 / 매출 기여도 TOP 고객

표 형식, 실행 가능한 인사이트, 데이터 기반 분석 톤으로 작성해줘.

56) 연간 교육 계획

너는 HRD 교육과정 기획 전문가야.

[회사명/업종]의 연간 교육 계획을 만들어줘.

교육 필요 분석(직급별·직무별) / 분기별 교육 주제 / 각 교육별 목표·대상·시간·방법 / 연간 교육 예산 배분

표 형식, 실행 가능한 계획, 교육 담당자가 바로 활용할 수 있는 톤으로 작성해줘.

57) 단위 교육 기획서

너는 교육과정 설계 전문가야.

[교육 주제] 교육 기획서를 만들어줘.

교육 목적 및 기대 효과 / 교육 대상 및 사전 조건 / 세부 커리큘럼(시간대별) / 실습 활동 3가지 / 평가 방법

표 형식, 이론 40% 실습 60%, 초보자 기준, 교육 담당자가 바로 실행할 수 있는 실용적인 톤으로 작성해줘.

58) 강의 스크립트 자동 생성

너는 강의 스크립트 작가야.

[강의 주제]의 [섹션명] 부분 강의 스크립트를 만들어줘.

시간: [분], 핵심 내용: [내용], 예시: [예시], 실습: [실습 내용]

강사가 그대로 읽을 수 있는 수준, 자연스러운 말투, 청중 참여 유도 포함으로 작성해줘.

명확하고 친절하게, 고객이 이해하기 쉽게, 법적 문제 없는 수준으로 작성해줘.

59) 시험 문제 자동 생성

□ ×

너는 교육 평가 전문가야.

[과목/주제]에 대한 시험 문제를 만들어줘.

객관식 10문제 / 단답형 5문제 / 서술형 2문제

각 문제는 난이도 표시(쉬움/보통/어려움)와 정답 포함, 학습 목표에 맞는 수준으로 작성해줘.

60) 직무 기술서 자동 생성

□ ×

너는 HR 전문가야.

[직무명]의 직무 기술서를 만들어줘.

직무 개요 / 주요 업무 10가지 / 필요 역량 및 자격 / 성과 평가 기준

표 형식, 구체적인 행동 기술, 측정 가능한 기준, 전문적인 HR 문서 톤으로 작성해줘.

61) 성과 평가 기준

□ ×

너는 성과 관리 전문가야.

[직무명] 직원의 성과 평가 기준을 만들어줘.

평가 항목 5가지 / 각 항목별 평가 기준(S/A/B/C 등급) / 평가 방법(자기/상사/동료) / 평가 일정

표 형식, 측정 가능한 기준, 공정하고 명확한 HR 평가 문서 톤으로 작성해줘.

62) 신입 직원 온보딩 자료

너는 신입 직원 교육 전문가야.

신입 직원이 첫 주에 알아야 할 온보딩 자료를 만들어줘.

회사 소개(미션·비전·핵심 가치) / 첫 주 일정표 / 알아야 할 규칙 10가지 / 자주 묻는

질문 10개 / 담당자 연락처

신입 눈높이, 쉬운 말, 표 형식, 따뜻하게 환영하는 느낌으로 작성해줘.

63) 역량 개발 계획

너는 역량 개발 전문가야.

[직원명/직급]의 역량 개발 계획을 만들어줘.

현재 역량 수준 분석 / 개발 목표 역량 3가지 / 각 역량별 개발 방법 / 3개월 실행 계획 /

성과 측정 방법

개인 맞춤형, 실행 가능한 계획, 직원 성장 중심으로 작성해줘.

64) 팀 빌딩 프로그램 기획

너는 팀 빌딩 전문가야.

[팀명] 팀 빌딩 프로그램을 기획해줘.

프로그램 목적 / 활동 아이디어 5가지 / 각 활동별 방법·시간·필요 준비물 / 기대 효과

팀원 수: [명], 예산: [금액], 시간: [시간], 실행 가능하고 즐거운 프로그램으로 작성해줘.

65) 교육 효과 측정 보고서

너는 교육 효과 측정 전문가야.

다음 교육 결과 데이터를 분석한 보고서를 만들어줘.

[교육 결과 데이터 붙여넣기]

항목: 교육 목표 달성률 / 참가자 만족도 / 학습 성과 변화 / 현업 적용 사례 / 개선 방향

표 형식, 데이터 기반 분석, 교육 담당자 보고용 톤으로 작성해줘.

66) 사내 규정 자동 생성

너는 HR 전문가야.

[규정명] 사내 규정을 만들어줘.

목적 및 적용 범위 / 주요 규정 내용 / 위반 시 처리 방법 / 시행 일자

명확하고 공정하게, 법적 문제 없는 수준, 직원이 이해하기 쉬운 톤으로 작성해줘.

67) 채용 공고 자동 생성

너는 채용 전문가야.

[직무명] 채용 공고를 만들어줘.

회사 소개(간략히) / 담당 업무 / 자격 요건 / 우대 사항 / 근무 조건 / 지원 방법

매력적이고 명확하게, 지원자 관점, 전문적인 채용 공고 톤으로 작성해줘.

68) 면접 질문 자동 생성

너는 채용 전문가야.

[직무명] 면접 질문 세트를 만들어줘.

기본 질문 5개 / 직무 역량 질문 5개 / 상황 판단 질문 3개 / 가치관 질문 3개

각 질문별 평가 포인트 포함, 공정하고 직무 관련성 높은 질문으로 작성해줘.

69) 교육 제안서 자동 생성

너는 교육 제안서 전문가야.

[기관명]에 제출할 [교육 주제] 교육 제안서를 만들어줘.

교육 필요성(현황+문제점) / 교육 프로그램 개요 / 세부 커리큘럼 / 강사 소개 및 강점 /

기대 효과 / 비용 및 일정

A4 3페이지, 표 형식, 담당자가 바로 결재할 수 있는 신뢰감 있는 제안서 톤으로 작성해줘.

70) 직원 만족도 설문지

너는 조직 문화 전문가야.

직원 만족도 설문지를 만들어줘.

항목: 업무 만족도 / 조직 문화 / 리더십 / 성장 기회 / 보상 / 개선 희망 사항

객관식 15문항 + 주관식 3문항, 익명 보장, 직원이 솔직하게 답할 수 있는 톤으로 작성해줘.

 **업종별 특화 프롬프트 (71~100번)**

71) 카페·음식점 신메뉴 기획

너는 카페 메뉴 기획 전문가야.

이번 [계절] 시즌 신메뉴 아이디어를 만들어줘.

시즌 트렌드 분석 / 신메뉴 아이디어 10개 / 각 메뉴별 재료·특징·예상 가격 / 추천 TOP 3 선정 이유

현실적인 재료 사용, 원가 고려, 실제 만들 수 있는 것, 실용적이고 창의적인 메뉴 기획 톤으로 작성해줘.

72) 카페·음식점 일일 매출 분석

너는 소상공인 매출 분석 전문가야.

오늘 매출 데이터를 분석해줘.

[데이터 붙여넣기]

오늘 총 매출 / 시간대별 패턴 / 인기 메뉴 TOP 5 / 어제 대비 변화 / 내일 준비 사항 제안

간결하게, 실행 가능한 제안, 데이터 기반 분석 톤으로 작성해줘.

73) 온라인 쇼핑몰 상품 설명

너는 이커머스 상품 기획 전문가야.

[상품명]의 상품 설명 페이지를 만들어줘.

상품 헤드라인 5개(30자 이내) / 상품 특징 5가지(각 50자) / 상세 설명(500자) /

구매 이유 3가지 / 주의사항 및 배송 안내

구매 욕구 자극, 과장 금지, 신뢰감 있고 구매를 유도하는 쇼핑몰 상품 설명 톤으로 작성해줘.

74) 미용실·네일 포트폴리오 게시물

너는 뷰티 업종 SNS 마케터야.

미용실/네일 포트폴리오 게시물 문구를 만들어줘.

인스타 캡션 5개(각 200자, 다른 스타일) / 해시태그 세트(각 15개) / 스토리용 짧은
문구 5개(30자 이내)

감성적인 표현, 기술 특징 강조, 예약 유도, 세련되고 감성적인 뷰티 계정 느낌으로 작성해줘.

75) 학원 수업 계획서

너는 교육 전문가야.

[과목/주제] 수업 계획서를 만들어줘.

수업 목표 및 기대 효과 / 수업 흐름(도입→전개→정리) / 주요 활동 3가지 / 과제
또는 복습 방법

학생 수준에 맞게, 실습 중심, 표 형식, 교사가 바로 실행할 수 있는 실용적인 톤으로 작성해줘.

76) 식자재 유통 발주서

너는 식자재 유통 전문가야.

다음 재고 현황을 바탕으로 이번 주 발주서를 만들어줘.

[재고 데이터 붙여넣기]

발주서 형식: 품목명 / 현재 재고 / 주문량 / 단가 / 총액 / 납품 요청일 / 특이사항

표 형식, 정확한 수치, 실무에서 바로 사용 가능한 수준으로 작성해줘.

77) 강사 교육 제안서

너는 교육 제안서 전문가야.

[기관명]에 제출할 [교육 주제] 강의 제안서를 만들어줘.

교육 필요성 / 강의 개요(대상/시간/내용) / 세부 커리큘럼 / 강사 소개 / 기대 효과 /

비용 및 일정

A4 3페이지, 담당자가 바로 결재할 수 있는 신뢰감 있는 제안서 톤으로 작성해줘.

78) 컨설팅 현황 분석 보고서

너는 경영 컨설턴트야.

[고객사명]의 현황 분석 보고서를 만들어줘.

회사 현황 요약 / SWOT 분석 / 핵심 문제 3가지 / 개선 우선순위

객관적 분석, 수치 포함, 표 형식, 전문 컨설턴트 보고서 톤으로 작성해줘.

79) 여행 코스 기획

너는 여행 코스 기획 전문가야.

[지역] [기간] 여행 코스를 만들어줘.

일정별 추천 코스(아침/점심/저녁) / 각 장소 특징 및 소요 시간 / 이동 방법 및

예상 비용 / 꼭 먹어야 할 음식 5가지 / 주의사항 및 팁

실제 가능한 일정, 이동 시간 고려, 예산 현실적으로, 여행 가이드 톤으로 작성해줘.

80) 유튜브 영상 스크립트

너는 유튜브 스크립트 작가야.

[영상 주제] 영상 스크립트를 만들어줘.

오프닝(30초, 후킹 멘트) / 본론([분], 핵심 내용 3가지) / 클로징(30초, 구독·좋아요 유도)

[시간]분 분량, 자연스러운 말투, 예시 포함, [채널 성격]에 맞는 톤으로 작성해줘.

81) 1인 미디어 콘텐츠 기획

너는 유튜브 채널 기획 전문가야.

[채널 주제] 채널의 이번 달 콘텐츠 기획을 만들어줘.

이번 달 트렌드 분석 / 콘텐츠 아이디어 10개 / 각 콘텐츠별 제목 3개 버전 /

촬영 순서 및 일정

채널 방향성 유지, 검색 최적화 고려, 채널 담당자가 바로 실행할 수 있는 실용적인 톤으로

작성해줘.

82) 커뮤니티 공지문

너는 커뮤니티 운영 전문가야.

[커뮤니티명]의 [공지 내용]에 대한 공지문을 만들어줘.

제목 + 본문 300자 + 문의처, 대상: [회원/주민/참가자]

친근하고 명확하게, 핵심 정보 강조, 커뮤니티 톤에 맞게 작성해줘.

83) 숙박업 숙소 소개 문구

너는 여행·숙박 마케팅 전문가야.

[숙소명]의 에어비앤비/야놀자/여기어때 등록용 소개 문구를 만들어줘.

숙소 헤드라인 5개(30자 이내) / 숙소 특징 설명(500자) / 주변 관광지·편의시설 안내
(300자) / 이용 규칙 및 주의사항

구체적인 특징 강조, 과장 금지, 여행자의 기대감을 높이는 감성적인 숙박 플랫폼 톤으로
작성해줘.

84) B2B 영업 제안서

너는 B2B 영업 전문가야.

[고객사명]에 제출할 [제품/서비스] 영업 제안서를 만들어줘.

고객사 현황 및 문제점 / 우리 솔루션 소개 / 차별화 포인트 3가지 / 도입 효과 및 ROI /
도입 절차 및 일정 / 가격 및 조건

A4 4페이지, 고객사 관점, 신뢰감 있는 B2B 제안서 톤으로 작성해줘.

85) 프리랜서 강사 프로필

너는 브랜딩 전문가야.

다음 정보로 강사 소개 프로필을 만들어줘.

[이름, 전문 분야, 주요 경력, 강의 주제]

버전 3개: 짧은 버전(100자, SNS 프로필용) / 중간 버전(300자, 제안서용) /
긴 버전(500자, 홈페이지용)

전문성과 신뢰감 강조, 자연스럽고 매력적인 톤으로 작성해줘.

86) 소셜 비즈니스 임팩트 보고서

너는 소셜 비즈니스 전문가야.

[기관명]의 사회적 임팩트 보고서를 만들어줘.

[활동 데이터 붙여넣기]

항목: 주요 활동 성과 / 수혜자 현황 / 사회적 가치 창출 / 재정 현황 / 향후 계획

표 형식, 수치 포함, 이해관계자 보고용 톤으로 작성해줘.

87) 지역 행사 기획서

너는 지역 행사 기획 전문가야.

[행사명] 지역 행사 기획서를 만들어줘.

행사 목적 및 배경 / 대상 및 예상 참가자 수 / 세부 프로그램 / 장소 및 운영 계획 /

예산 계획 / 홍보 방법

지역 주민 친화적, 실행 가능한 계획, 담당자가 바로 실행할 수 있는 톤으로 작성해줘.

88) 소상공인 AI 도입 계획

너는 소상공인 AI 도입 컨설턴트야.

다음 정보를 바탕으로 3개월 AI 도입 계획을 만들어줘.

업종: [업종], 직원 수: [명], 현재 가장 힘든 업무: [업무명], AI 경험 수준: [없음/초보/중급]

1개월차, 2개월차, 3개월차로 나눠서 각 달에 해야 할 것을 구체적으로 정리해줘.

89) 업무 자동화 현황 분석

너는 AI 업무 자동화 컨설턴트야.

[업종]의 일반적인 하루 업무를 분석해줘.

그 중에서 AI로 자동화할 수 있는 업무 TOP 5를 골라서 각각 어떻게 자동화할 수 있는지

구체적으로 설명해줘.

표 형식으로 정리해줘 (업무명 / AI 활용 방법 / 예상 시간 절감).

90) 공통 프롬프트 라이브러리 구축

너는 AI 활용 전문가야.

[업종] 가게/회사에서 공통으로 쓸 프롬프트 세트를 만들어줘.

업무 유형: 보고서/홍보/고객응대/기획/분석

각 유형별 프롬프트 3개씩(총 15개), 각 프롬프트는 로고타루톤 형식으로 작성해줘.

91) 개인정보 보호 가이드라인

너는 개인정보 보호 전문가야.

AI 활용 시 개인정보 보호 가이드라인을 만들어줘.

입력 금지 정보 목록 / 안전한 데이터 처리 방법 / 직원 교육 내용 / 위반 시 처리 방법

명확하고 실행 가능하게, 직원이 이해하기 쉬운 톤으로 작성해줘.

92) AI 윤리 기준 10가지

너는 AI 윤리 전문가야.

우리 회사/가게의 AI 사용 윤리 기준 10가지를 만들어줘.

업종: [업종], 규모: [규모]

항목: 데이터 입력 규칙 / AI 결과물 검수 기준 / 외부 공개 시 주의사항 / 직원 AI 사용 교육

기준 / AI 오류 발생 시 처리 방법

명확하고 실행 가능하게, 직원이 바로 따를 수 있는 수준으로 작성해줘.

93) 디지털 전환 로드맵

너는 디지털 전환 컨설턴트야.

[업종] 소상공인/중소기업의 디지털 전환 로드맵을 만들어줘.

현재 상태 진단 / 단계별 전환 계획(1개월/3개월/6개월/1년) / 각 단계별 핵심 과제 /

필요 투자 / 기대 효과

현실적인 계획, 단계적 접근, 실행 가능한 수준으로 작성해줘.

94) 온라인 채널 전략

너는 온라인 마케팅 전략 전문가야.

[업종]의 온라인 채널 전략을 만들어줘.

현재 온라인 현황 분석 / 채널별 전략(홈페이지/SNS/쇼핑몰/리뷰 플랫폼) /

우선순위 및 실행 계획 / 성과 측정 방법

소상공인 1인 운영 가능 수준, 실행 가능한 전략으로 작성해줘.

95) 고객 여정 맵 분석

너는 고객 경험 전문가야.

[업종] 고객의 구매 여정 맵을 만들어줘.

단계: 인지 → 관심 → 고려 → 구매 → 재구매

각 단계별: 고객 행동 / 고객 감정 / 접점(터치포인트) / 개선 기회

표 형식, 고객 관점, 실행 가능한 개선 방향 포함으로 작성해줘.

96) 파트너십 제안서

너는 비즈니스 파트너십 전문가야.

[파트너사명]에 제출할 파트너십 제안서를 만들어줘.

제안 배경 및 목적 / 파트너십 내용 / 각 사의 역할 및 기여 / 기대 효과 / 조건 및 일정

상호 이익 중심, 신뢰감 있는 파트너십 제안서 톤으로 작성해줘.

97) 투자 유치 피칭 자료

너는 스타트업 투자 전문가야.

[사업명]의 투자 유치 피칭 자료를 만들어줘.

문제 정의 / 솔루션 / 시장 규모 / 비즈니스 모델 / 팀 소개 / 성과 및 트랙션 /

투자 요청 금액 및 사용 계획

투자자 관점, 간결하고 설득력 있게, 5분 발표 분량으로 작성해줘.

98) 소셜 임팩트 측정 보고서

너는 소셜 임팩트 측정 전문가야.

[사업/프로그램]의 사회적 가치를 측정한 보고서를 만들어줘.

[활동 데이터 붙여넣기]

항목: 직접 수혜자 수 / 간접 영향 범위 / 경제적 가치 / 사회적 가치 / 환경적 가치

표 형식, 수치 포함, 이해관계자 보고용 톤으로 작성해줘.

99) 위기 커뮤니케이션 계획

너는 위기 커뮤니케이션 전문가야.

[업종]의 위기 상황별 커뮤니케이션 계획을 만들어줘.

위기 유형 5가지(식품 안전/고객 불만/SNS 이슈/서비스 장애/직원 문제)

각 유형별: 초기 대응 메시지 / 공식 입장문 / 후속 조치 안내

신속하고 진정성 있게, 브랜드 신뢰 회복 중심으로 작성해줘.

100) AI 활용 성과 측정 보고서

너는 AI 활용 성과 측정 전문가야.

우리 가게/회사의 AI 도입 3개월 성과를 측정한 보고서를 만들어줘.

[성과 데이터 붙여넣기]

항목: 업무 시간 절감량 / 콘텐츠 생산량 변화 / 고객 응대 품질 변화 / 매출 변화 / 직원 만족도 변화 / 다음 단계 제안

표 형식, 수치 포함, 경영진 보고용 톤으로 작성해줘.

부록 B

AI 도입 1주·1개월·3개월 로드맵

1주차: 시작하기

일차	목표	실행 내용
1일	AI 도구 가입	ChatGPT 또는 Gemini 계정 만들기
2일	첫 프롬프트 테스트	내 업종 소개 글 만들어보기
3일	로고타루톤 익히기	5요소 프롬프트 1개 만들어보기
4일	첫 실무 적용	가장 귀찮은 업무 1개 AI로 해보기
5일	결과 검토	AI 결과물 검토 및 수정 연습
6~7일	프롬프트 저장	잘 작동한 프롬프트 3개 저장하기

1개월차: 루틴 만들기

1주차: AI 기초 익히기

- ChatGPT 또는 Gemini 가입 및 기본 사용법 익히기
- 로고타루톤 5요소 이해하기
- 내 업무에서 가장 반복적인 일 3개 찾기

2주차: 첫 자동화 적용

- 찾은 업무 3개에 AI 적용해보기
- 결과물 검토 및 수정 연습
- 잘 작동하는 프롬프트 저장 시작

3주차: 루틴 설계

- 일일 10분 AI 루틴 만들기
- 주간 1시간 AI 루틴 만들기
- 프롬프트 라이브러리 구축 시작

4주차: 성과 측정

- 1개월 성과 측정 (시간 절감, 품질 변화)
- 다음 달 확장 계획 수립
- 팀원과 공유 시작

3개월차: 시스템 구축

1개월차 목표: : 개인 AI 활용 루틴 정착

- 매일 AI를 1회 이상 활용
- 잘 작동하는 프롬프트 10개 이상 저장
- 업무 시간 10% 이상 절감

2개월차 목표: 팀 공유 및 확장

- 팀원과 프롬프트 공유
- 공통 프롬프트 라이브러리 초안 구축
- 새로운 업무 영역으로 AI 확장

3개월차 목표: 조직 시스템화

- 공통 프롬프트 라이브러리 완성
- AI 활용 루틴을 업무 프로세스에 통합
- 업무 시간 30% 이상 절감
- 6개월 확장 계획 수립

부록 C

로고타루톤 프롬프트 작성 워크시트

이 워크시트를 활용해서 나만의 프롬프트를 만들어보세요.

● 워크시트 1 : 기본 프롬프트 만들기

[로] 너는 _______________ 이다.

(예: 소상공인 마케팅 전문가, 10년 경력의 기획자, 고객 응대 전문가)

[고] 목표는 _______________을 만드는 것이다.

(예: 인스타 게시물 3개, 주간 보고서, 고객 FAQ 20개)

[타]

1) _______________

2) _______________

3) _______________

(각 항목에 구체적인 작업 지시를 씁니다)

[루]

- _______________

- _______________

- _______________

(반드시 지켜야 할 규칙 3~5개를 씁니다)

[톤] _______________으로 작성해줘.

(예: 친근하고 따뜻하게, 전문적이고 간결하게, 감성적으로)

● 워크시트 2 : 내 업무별 프롬프트 목록

이 워크시트의 핵심은 프롬프트를 한 번 쓰고 끝내는 것이 아니라, 업무 자산으로 축적하고 계속 개선하는 데 있습니다. 특히 업무명, 저장 위치, 마지막 수정일, 효과 평가를 함께 기록하면 어떤 프롬프트가 실제로 도움이 되었는지 빠르게 파악할 수 있습니다. 결국 중요한 것은 프롬프트를 많이 만드는 것이 아니라, 잘 작동하는 프롬프트를 쉽게 찾고 꾸준히 업데이트할 수 있는 체계를 만드는 것입니다.

업무	프롬프트 저장 위치	마지막 수정일	효과 평가

부록 D

AI 리스크 관리 체크리스트

● 매일 확인

- □ AI에 개인정보를 입력하지 않았는가?
- □ AI 결과물의 수치·사실을 확인했는가?
- □ AI가 만든 글을 한 번 읽어보고 수정했는가?

● 매주 확인

- □ 이번 주 AI 활용 결과물 중 문제가 있는 것은 없는가?
- □ 새로운 AI 활용 방법을 발견했는가?
- □ 프롬프트 라이브러리를 업데이트했는가?

● 매월 확인

- □ AI 활용으로 절약된 시간을 측정했는가?
- □ AI 결과물의 품질이 향상되고 있는가?
- □ 팀원들의 AI 활용 수준이 높아지고 있는가?
- □ 새로운 AI 활용 영역을 발굴했는가?
- □ AI 사용 기준을 업데이트할 필요가 있는가?

AI와 함께하는 새로운 일의 방식

 이 책을 마치며…

이 책을 끝까지 읽어주신 여러분께 진심으로 감사드립니다.

이 책을 쓴 저자들은 모두 현장에서 AI를 직접 활용하며 얻은 경험을 바탕으로 이 책을 집필했습니다. 카페를 운영하는 분, 쇼핑몰을 운영하는 분, 중소기업에서 일하는 분, 강사와 컨설턴트로 활동하는 분들이 함께 모여 "어떻게 하면 더 쉽게, 더 빠르게, 더 잘 쓸 수 있을까"를 고민하며 만든 책입니다.

AI는 빠르게 발전하고 있습니다. 이 책을 쓰는 동안에도 새로운 AI 도구들이 계속 나왔습니다. 하지만 한 가지는 변하지 않습니다. **"좋은 질문을 하는 사람이 좋은 결과를 얻는다"**는 원칙입니다.

이 책에서 배운 로고타루톤 프레임워크는 AI가 아무리 발전해도 여전히 유효합니다. AI에게 역할을 주고, 목표를 명확히 하고, 과제를 구체적으로 지시하고, 규칙을 정하고, 톤을 설정하는 것. 이것은 AI와의 소통 방식이기도 하지만, 동시에 사람과의 소통 방식이기도 합니다.

이 책을 마치며, 다시 한 번 강조합니다.

"지금 당장 시작하세요."

가장 귀찮은 업무 1개를 골라서, 이 책에 있는 프롬프트를 복붙해서, AI로 해결해 보세요. 그 작은 경험이 여러분의 비즈니스를 바꾸는 시작이 됩니다.
AI는 여러분의 경쟁자가 아닙니다. AI는 여러분이 더 중요한 일에 집중할 수 있도록 돕는 새로운 동료입니다.

저자 일동

※ 이 책은 현장에서 AI를 직접 활용하며 얻은 경험과 노하우를 담았습니다. 더 많은 실전 사례와 최신 AI 활용법은 저자들의 강의와 컨설팅을 통해 계속 업데이트됩니다.

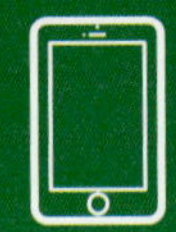

디지털콘텐츠그룹은 2010년 4월 'SNS소통연구소'로 출발하여, AI와 디지털복지를 기반으로 한 뉴미디어 교육을 선도해 왔습니다. 스마트폰 활용, SNS 마케팅, 유튜브 크리에이터, 프레젠테이션, 컴퓨터 활용 등 디지털 전환 시대에 발맞춘 다양한 교육을 꾸준히 운영하며 변화하는 미디어 환경에 능동적으로 대응하고 있습니다.

특히 AI 챗GPT 전문지도사, 디지털복지사, 노코딩 AI 데이터 분석 지도사 등 첨단 기술을 접목한 자격 과정과 전문 교육을 통해 지금까지 약 5,900여 명의 스마트폰 활용지도사를 양성하였으며, 이는 디지털 소외 없는 사회 실현을 위한 중요한 기반이 되고 있습니다.

현재는 전국 61개 지부 및 지국을 중심으로 지역사회에 밀착한 맞춤형 교육과 컨설팅을 활발히 진행하며, 지역 균형 발전과 디지털 역량 강화에 기여하고 있습니다.

● 스마트폰 활용지도사 2급 및 1급 자격증

스마트폰 기본 활용부터 스마트폰 UCC, 스마트폰 카메라, 스마트워크, 스마트폰 마케팅 교육 등 스마트폰 전문 강사를 양성하고 있습니다.

● 유튜브 크리에이터 전문지도사 2급 및 1급 자격증

유튜브 기본 활용부터 실전 유튜브 마케팅까지 실질적으로 도움이 되고 돈이 되는 교육을 실시하고 있습니다.

● SNS마케팅 전문지도사 2급 및 1급 자격증

다양한 SNS채널을 활용해서 고객을 유혹하고 매출을 증대시킬 수 있는 실전 노하우와 SNS마케팅 효과를 극대화 하기 위한 광고 전략을 구축할 수 있는 노하우에 대해서 교육을 진행하고 있습니다.

● 디지털문해교육 전문지도사 2급 및 1급 자격증

초등학교부터 대기업 임원을 포함한 퇴직 예정자들까지 디지털 기술 활용에 대한 교육을 진행할 수 있도록 디지털 문해교육 전문지도사가 교육하고 있습니다.

● 디지털범죄예방 전문지도사 2급 및 1급 자격증

4차 산업혁명 시대! 디지털리터러시 시대에 청소년부터 성인들에게 이르기까지 각종 디지털범죄로 인해 입을 피해를 방지하고자 교육합니다.

● AI 챗GPT 전문지도사 2급 및 1급 자격증

디지털 대전환 시대에 누구나 배우고 익혀야 할 AI 챗GPT 각 분야별 전문 강사를 양성하고 있습니다.

● AI 활용 전문지도사 2급 및 1급 자격증

AI 교육 및 응용 지원, 데이터 분석과 AI 모델 개발을 목적으로 등급에 따라 기초부터 고급 AI 교육을 제공하며, AI 프로젝트의 설계와 관리, AI 윤리와 법률 관련 교육을 제공하고, 기업을 위한 AI 전략 기획 및 컨설팅을 수행합니다.

● 노코딩 AI 데이터분석 전문지도사 2급 및 1급 자격증

인공지능(AI)과 빅데이터의 핵심 개념과 기술을 토대로 데이터 리터러시 교육을 전문적으로 수행할 수 있는 지도자를 양성하고 데이터 분석 및 AI 기술의 활용 능력을 겸비한 전문가를 배출하여 다양한 교육 및 컨설팅 업무를 수행합니다.

교육 문의 Tel. 02-747-3265 / 010-9967-6654   이메일 : snsforyou@gmail.com

● **스마트폰 활용지도사 자격증에 대해서 아시나요?**

과학기술정보통신부가 검증하고 한국직업능력개발원이 관리하는 스마트폰 자격증 취득에 관심 있으신 분들은 살펴보세요.

상담 문의
이종구 010-9967-6654
E-mail : snsforyou@gmail.com
카톡 ID : snsforyou

스마트폰 활용지도사 1급

● **해당 등급의 직무내용**

초/중/고/대학생 및 성인 남녀노소 누구에게나 스마트폰 활용 및 SNS 기본 교육을 실시할 수 있습니다. 또한 개인이나 소기업이 브랜드 전략을 구축하는 데 필요한 모바일 마케팅 전략 수립교육도 수행할 수 있으며, 특히 적은 비용으로 효과적인 브랜딩과 마케팅을 실현할 수 있는 실무 중심의 교육을 진행할 수 있습니다.

스마트폰 활용지도사 2급

● **해당 등급의 직무내용**

시니어 실버분들에게 스마트폰 활용교육을 실시할 수 있습니다. 개인 및 소기업이 모바일 마케팅 전략을 수립하는 데 필요한 기초 교육을 제공하며, 1인 기업이나 소기업이 스마트 워크 시스템을 구축할 수 있도록 기초적인 제반 사항을 안내하고 교육할 수 있습니다.

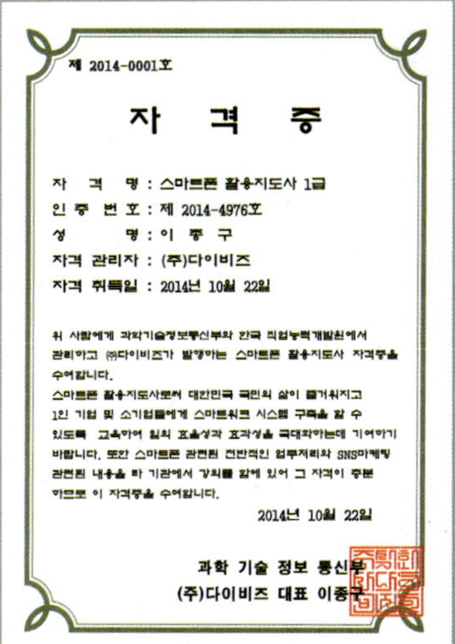

시험 응시료 : 3만원
자격증 발급비 : 7만원

● 종이 자격증 및 우단 케이스 제공
● 스마트폰 활용지도사 강의자료 제공비 포함

- **시험 일시 :** 매월 둘째 주, 넷째 주 일요일 5시부터 6시까지 1시간
- **시험 과목 :** 2급 – 스마트폰 활용 분야 / 1급 – 스마트폰 SNS마케팅
- **합격점수**
  1급 – 80점 이상(총 50문제 각 2점씩, 100점 만점에 80점 이상)
  2급 – 80점 이상(총 50문제 각 2점씩, 100점 만점에 80점 이상)

시험대비 공부방법

1. 스마트폰 활용지도사 2급 교재 구입 후 공부하기
2. 정규수업 참여해서 공부하기
3. 유튜브에서 [스마트폰 활용지도사] 채널 검색 후 관련 영상 시청하기

시험대비 교육일정

1. 매월 정규 교육을 디지털콘텐츠그룹 전국 지부에서 실시하고 있습니다.
2. 스마트폰 활용지도사 **디지털콘텐츠그룹 블로그** (blog.naver.com/urisesang71) 참고하기
3. 디지털콘텐츠그룹 사이트 참조(digitalcontentgroup.com)
4. NAVER 검색창에 (디지털콘텐츠그룹)이라고 검색하세요!

스마트폰 활용지도사 자격증 취득 시 혜택

1. 디지털콘텐츠평생교육원 스마트폰 활용 교육 강사 위촉
2. 디지털콘텐츠그룹 스마트폰 활용 교육 강사 위촉
3. 스마트 소통 봉사단에서 교육받을 수 있는 자격부여
4. SNS 및 스마트폰 관련 자료 공유
5. 매월 1회 세미나 참여 (정보공유가 목적)
6. 향후 일정 수준이 도달하면 기업체 및 단체 출강 가능
7. 매년 상반기 하반기 전국 워크샵 참여 가능
8. 그 외 다양한 혜택 수여

디지털복지사, 사람과 기술을 잇다

한눈에 보는 디지털복지사 3급·2급·1급 완벽 정리

디지털복지사는 디지털 격차 해소와 정보 소외계층 지원을 위해 등장한 새로운 전문 직업입니다.
이 자격증은 3급(입문형), 2급(실무형), 1급(전문가형)으로 구성되어 있으며,
단계별로 교육 내용과 역할이 달라져 디지털복지 전문가로 성장할 수 있도록 구성되어 있습니다.

1 디지털복지사 단계별 가이드

구분	대상	교육 내용 및 역량	진출 분야
3급 (입문형)	디지털 기기 사용이 익숙하지 않은 시니어, 복지관 활동가, 디지털 초보자	스마트폰·앱 기초, 인터넷 검색, 개인정보 보호, 디지털 문해력 향상	시니어 교육 초급 강사, 복지센터 실무자, 지역 봉사단
2급 (실무형)	평생교육·복지·지자체· 기업 현장 실무자 및 강사	SNS 마케팅, 스마트워크, 교육 콘텐츠 제작, 디지털 범죄 예방	평생교육센터, 복지관, 기업 디지털 강사, 컨설팅
1급 (전문가형)	공공기관 교육운영자, 교육기획자, 정책입안자, 디지털 컨설턴트	AI·챗GPT 활용, 데이터 분석, 정책 설계, 고급 컨설팅	공공기관 위탁교육, 정책기획, 고급 컨설팅, 기업연수

- 각 급수는 실무 중심의 교육과 평가를 통해 현장에 즉시 투입 가능한 실전형 전문가를 양성합니다.
- 3급은 기초 역량, 2급은 실무 및 응용, 1급은 정책 설계와 고급 컨설팅까지 단계적으로 전문성을 강화합니다.

2 디지털복지사의 주요 역할과 역량

디지털 교육
취약계층 대상 맞춤형 디지털 역량 교육

디지털 지원
서비스 접근성과 생활기술 지원

세대 연결
세대 간 소통 및 소외감 해소

정책 제안
데이터 기반 정책 개발 및 제도 개선

3 디지털복지사와 전통 사회복지사의 차이

구분	디지털복지사	전통 사회복지사
핵심 초점	기술 기반 복지, 디지털 격차 해소 전문	종합적 생활지원, 상담, 자원 연계
교육/실습	디지털 기술·AI 실습 교육 및 데이터 분석 전문	상담·지원·서비스 연계 중심
활동 영역	공공·민간·기업 전방위 활동, 글로벌 확장 가능	복지관, 시설, 공공기관 등 제도권 중심
사회적 역할	세대 연결 강화, 디지털 포용성 증진	대인관계 중심, 전통적 복지서비스 제공

디지털복지사는 단순히 기술을 가르치는 것을 넘어, 기술과 사람을 연결하고, 정보 소외계층의 자립을 돕는 '테크 기반 복지 전문가'입니다. 반면, **사회복지사**는 심리·정서적 지원과 자원 연계에 더 중점을 둡니다.

4 미래 사회에서 디지털복지사의 중요성과 전망

문의 (주)디지털콘텐츠그룹 | 서울시 종로구 대학로12길 63 | Tel. **02-747-3265** 민간자격 등록번호: 제 2025-003089호

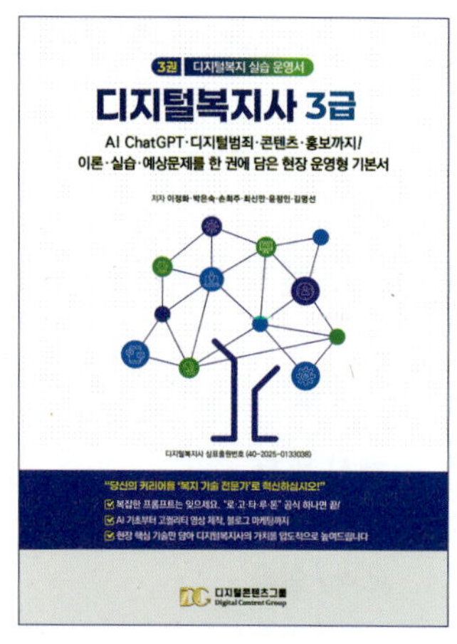

디지털복지사 3급 (1권)
– 사람을 돕는 디지털 역량 실천서 –

**세계 성공사례부터
사람의 만족도 5영역까지!**

디지털복지사 3급 (2권)
– 현장 실기 마스터 –

**디지털 과의존·개인정보·
AI·카카오톡까지!**

디지털복지사 3급 (3권)
– 디지털복지 실습 운영서 –

**바로 배우고 바로 가르치는
실천형 통합 매뉴얼**

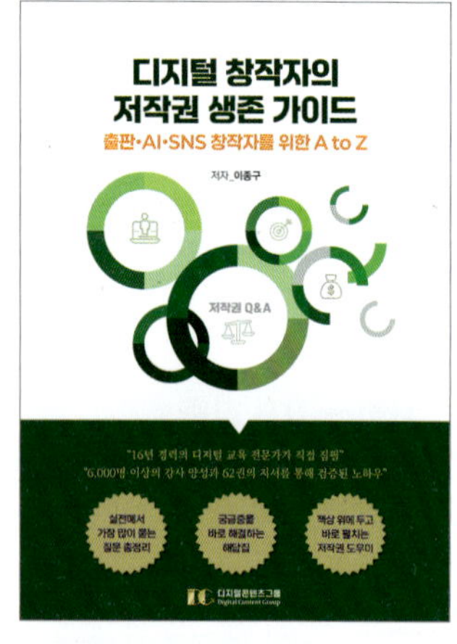

퇴사하고 싶을 때 읽는
이직과 전직의 모든 것

**재취업의 성공과 비공개 채용시장
재취업 가이드**

창업, 일단 시작해라!

**누구나 쉽게 따라 하는
창업 A to Z**

디지털 창작자의
저작권 생존 가이드

**출판·AI·SNS 창작자를 위한
A to Z**

디지털 콘텐츠 및 마케팅 교육 (일반 교육 및 자격증 교육 포함)

- 스마트폰활용지도사
- 디지털문해교육전문지도사
- 디지털범죄예방전문지도사
- 디지털과의존예방전문지도사
- 유튜브 크리에이터전문지도사
- SNS마케팅전문지도사

- 스토리북마스터
- 프리젠테이션전문지도사
- 스마트워크전문지도사
- 액티브시니어AI리터러시전문가
- AI챗GPT전문지도사
- AI마케팅전문지도사

※이 외 다양한 디지털 콘텐츠 분야 교육 가능

디지털콘텐츠그룹 지부 및 지국 활성화

- 2010년 4월부터 교육을 시작한 디지털콘텐츠그룹은
  현재 전국에 55개의 지부 및 지국을 운영 중

스마트폰 활용지도사
(국내 최초! 국내 최고!)

- 2014년 10월 스마트폰 활용지도사 민간 자격증 취득
- 2급과 1급 과정을 운영 중이며 현재 6,000여 명 이상 지도사 양성

실전에 필요한 전문 교육
(다양한 분야 실전 교육 중심)

- 일반 강사들과 기업에도 꼭 필요한 전문 교육을 실시함
  (SNS마케팅, 스마트워크, 프리젠테이션, AI 교육 등)

디지털콘텐츠그룹 출판사

- 2011년 11월부터 'SNS소통연구소'를 시작으로 출판사 운영
- 스마트폰 활용 및 SNS마케팅 관련된 책 65권 출판
- 강사와 수강생들에게 꼭 필요한 다양한 분야의 책 출간 중

교육문의 (주)디지털콘텐츠그룹 (직통전화)
02-747-3265 / 010-9967-6654

전국 지부 및 지국 현황

서울 (지부장-이종구)	강남구 (지국장-최영하)	강동구 (지국장-윤진숙)	강북구 (지국장-백세균)	강서구 (지국장-문정임)	관악구 (지국장-손희주)
	광진구 (지국장-최혁희)	금천구 (지국장-김명선)	동작구 (지국장-최상국)	마포구 (지국장-김용금)	서초구 (지국장-조유진)
	송파구 (지국장-문윤영)	영등포구 (지국장-김은정)	중구 (지국장-유화순)	종로구 (지국장-조선아)	

경기북부 (지부장-이종구)	의정부 (지국장-한경희)	양주시 (지국장-오지성)	동두천/포천 (지국장-김상기)	남양주시 (지국장-정덕모)	고양시 (지국장-백종우)

경기동부 (지부장-이종구)	성남시 (지국장-김지태)		경기서부 (지부장-이종구)	시흥시 (지국장-윤정인)	부천시 (지국장-김남심)	안산시 (지국장-권택현)

경기남부 (지부장-이종구)	이천/여주 (지국장-김찬곤)	화성시 (지국장-한금화)		강원도 (지부장-장해영)	강릉시 (지국장-임선강)

인천광역시 (지부장-이종구)	서구 (지국장-어현경)	부평구 (지국장-최신만)	중구 (지국장-조미영)	연수구 (지국장-조예윤)

충청남도 (지부장-김은경)	청양/아산 (지국장-김경태)	금산/논산 (지국장-부성아)	천안시 (지국장-김숙)	홍성/예산 (지국장-김월선)

대구광역시 (지부장-임진영)	수성구 (지국장-도윤서)		경상북도 (지부장-남호정)	고령군 (지국장-김은숙)	경주 (지국장-박은숙)

광주광역시 (지부장-윤순관)	북구 (지국장-김인숙)	울산광역시 (지부장-김상덕)	동구 (지국장-김상수)	남구 (지국장-박인완)	중구 (지국장-장동희)	북구 (지국장-이성일)

부산광역시 (지부장-손미연)	사상구 (지국장-박소순)	해운대구 (지국장-배재기)	기장군 (지국장-배재기)	부산진구 (지국장-김채완)	북구 (지국장-황연주)

 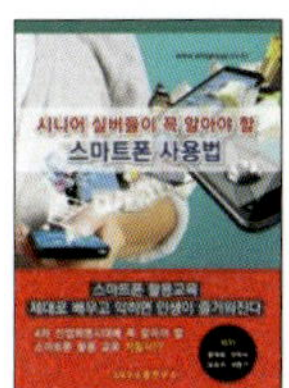     

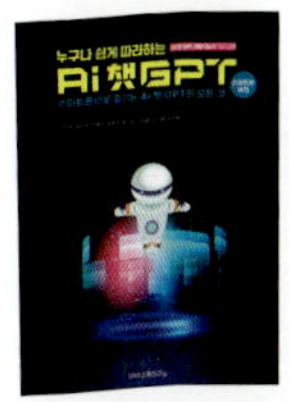   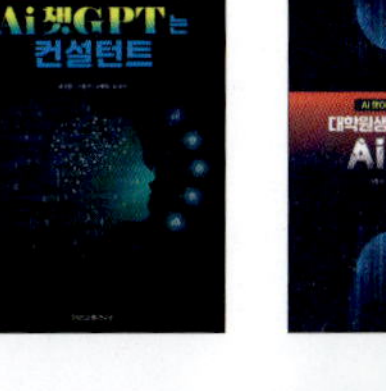     

     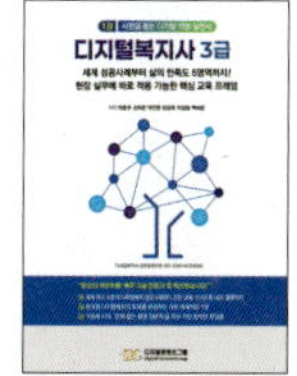

AI 업무 자동화 길라잡이